LA MENTE ENFOCADA

Félix Torán

LA MENTE ENFOCADA

CONSIGUE UNA VIDA PLENA APLICANDO EL PODER DE LA CONCENTRACIÓN MENTAL

Ediciones Luciérnaga

Diseño de la cubierta: Planeta Arte & Diseño

Primera edición: enero de 2025

Ediciones Luciérnaga
Av. Diagonal 662-664
08034 Barcelona
www.planetadelibros.com

ISBN: 978-84-19996-77-0
Depósito legal: B. 15.022-2024

Impreso en España – *Printed in Spain*

Cada vez que una persona medita,
el mundo se salva un poco más.

Félix Torán

Como todas mis obras, esta también está dedicada a mi esposa, Silvia, y a mis hijos, Carla y Adrián, que me acompañan desde hace muchos años en todas mis aventuras literarias. También a mi perrita, Lola, que ha sido una fiel compañera durante toda la escritura de este libro. Igualmente, a mi gatita, Dulcy, que también me ha acompañado, ya sea a mi lado, o vigilando desde un árbol o el tejado. Y siempre a todas vosotras y vosotros que me leéis y seguís en las redes sociales, por vuestra confianza, por estar siempre ahí, por el cariño que mostráis, por vuestras palabras y por ser y estar.
Es maravilloso conectar con vosotros en las redes y también en los eventos presenciales.
¡Gracias por meditar juntos!
¡Gracias por Ser y Estar!

Sumario

Introducción

Te doy la bienvenida a un viaje único

Imagina por un momento tener el control absoluto de tu mente, ser capaz de enfocarte en una tarea con tal intensidad que nada en el mundo pueda distraerte. ¿Qué podrías lograr si alcanzases ese nivel de concentración? ¿Qué pasaría si pudieras entrenar tu mente para convertir esa concentración en una habilidad automática y natural? ¡Te doy la bienvenida a este viaje hacia el poder de la concentración mental!

La concentración mental no es un concepto abstracto ni una habilidad reservada a unos pocos afortunados. Es una capacidad que con la práctica adecuada todos podemos desarrollar. En este libro te guiaré a través de los fundamentos de la concentración mental, desentrañando qué es realmente y por qué es crucial para vivir una vida plena y satisfactoria.

A medida que avances en la lectura, descubrirás las numerosas ventajas que la práctica de la concentración puede traer a tu vida diaria. Desde mejorar tu rendimiento en el trabajo y los estudios, pasando por mejorar la gestión de tu tiempo hasta ayudarte a gestionar el estrés. La concentración es una herramienta poderosa que puede transformar tu día a día.

Además, no necesitas dedicar horas interminables a practicar. Comenzando con no más de diez minutos al día, puedes empezar a entrenar la mente y ver resultados significativos. Este libro está diseñado para ofrecerte estrategias prácticas y herramientas eficaces que puedes integrar con facilidad en tu rutina diaria.

Pero eso no es todo. También encontrarás una guía práctica para aplicar estas enseñanzas a situaciones cotidianas. ¿Tienes un examen importante? ¿Enfrentas un día lleno de estrés? ¿Buscas mejorar tu capacidad de resolución de problemas? ¿Te gustaría mejorar tu capacidad de memoria? Aquí encontrarás métodos concretos para usar tu nueva habilidad de concentración mental para superar estos desafíos y muchos más.

Prepárate para descubrir un mundo nuevo de posibilidades. La clave está en tu mente, y este libro es tu mapa hacia un mayor control, claridad y paz mental. Empecemos juntos este fascinante viaje hacia el poder de la concentración mental.

Un libro fruto del entusiasmo

Empiezo este libro con mayor entusiasmo que nunca, y no exagero lo más mínimo. Sé que digo lo mismo cada vez que comienzo un libro, pero te aseguro que no se trata de ninguna fórmula repetitiva, sino que realmente siento lo que digo al empezar cada nueva obra. Cuando empecé esta introducción, hacía solo unas pocas horas que había salido de una conferencia en la tienda Fnac de la ciudad de La Coruña, a la que tengo un cariño especial. Catorce años antes de aquel momento (ahora diecisiete), allí presenté mi *opera prima* de crecimiento personal. No fue mi primer evento, pero sí el primero que hacía sobre ese primer libro y temática. Desde entonces he tenido el lujo y el placer de volver a esa misma sala para dar conferencias y firmar libros en numerosas ocasiones, y en cada visita he experimentado de nuevo ese sentimiento especial que comentaba antes. Pero esa ocasión era especial, puesto que habían transcurrido más de dos años desde la pandemia de la COVID-19.

Así que empecé a escribir este libro con la energía tan bonita que me llevé de esa conferencia, en ese lugar tan especial —por el significado que tiene para mí—. Hablé sobre un tema que he estado llevando por toda España desde hace años desde muy diferentes enfoques: el poder de la concentración mental, que es justamente el tema central de esta obra. La experiencia de comunicar, compartir, meditar con tantas personas, firmar libros y saludar a tantos lectores me había regalado —y lo sigue haciendo— una motivación y vibración muy especiales, por lo que no pude evitar empezar cuanto antes este libro, para que esa energía lo impregnara desde el principio. Después, han sido más de dos años de trabajo hasta adquirir la forma física que ahora tienes en tus manos, y esa energía inicial no solo ha permanecido: además, se ha multiplicado.

Se dice pronto, pero se trata de mi vigésimo segunda publicación... No es nada comparado con lo que todavía tengo previsto escribir, y pido a Dios que me otorgue el tiempo necesario, con la cabeza en el cielo y con los pies en el suelo, como hasta ahora, para poder seguir compartiendo todo lo que deseo transmitir para ayudar a otras personas a ser felices y contribuir al bien de la humanidad y de su reconciliación. Sinceramente, no persigo alcanzar ningún récord ni superar ningún reto personal; el recuento de obras publicadas apenas me preocupa, pero cuando pienso que son veintidós libros ¡no puedo evitar emocionarme! Esa emoción dura poco, ya que no tardo en recordarme que no hay tiempo que perder echando cuentas de libros publicados, puesto que debo aplicarme a lo que importa de verdad: seguir trabajando para servir a mi misión de vida.

Al echar la vista atrás, me doy cuenta de todo el camino andado, y tengo una visión mucho más clara de las siguientes etapas del sendero. La experiencia acumulada no es ninguna broma: veinticinco años dando charlas y enseñando a meditar (también se dice pronto, pero ya superan el millar con creces) y esos más de veinte libros publicados. Tras todo ese recorrido, tengo claro que el tema más importante y conveniente que puedo compartir en este instante contigo, querida lectora, querido lector, es la concentración mental. Para mí es una capacidad absolutamente central en todo verdadero sendero de crecimiento espiritual de todos los tiempos. No existe ninguno que no la incluya; sin ella, no es posible progresar en ningún sendero de desarrollo interior. Por ello deseo de corazón transmitirte conocimientos muy valiosos sobre ese tema, y hacerlo con la aproximación que me caracteriza: por supuesto, espiritual, pero ante todo, clara y práctica.

Si ya me conoces por mis libros y conferencias, sin duda sabes, que para mí resulta crucial poner las cosas en su sitio en temas relacionados con la espiritualidad, en los que se ha tendido a crear enormes confusiones, ya sea porque se mezclan con otros campos, se introducen todo tipo de interpretaciones, se inventan términos gratuitamente, se toman conceptos de campos que no se conocen, se disfrazan verdades de ciencia para hacerlas creíbles, o cualquier otro tipo de maniobra —y las posibilidades son muchas, como ha quedado más que demostrado hasta la fecha—. Vamos, que me gusta poner los puntos sobre las íes...

La concentración puede parecer un tema en el que no hay mucho que explicar. Pero nada más lejos de ello... Fíjate si tiene importancia que suelo decir que: «Cada vez que alguien alcanza una mente concentrada, el mundo se salva un poco más». Y si quieres ver lo anterior desde otro ángulo, si miras cómo está el mundo, podrás concluir que no es demasiada la gente que practica la concentración. Es decir, ¡falta mucha más concentración en las mentes humanas para salvar a la humanidad y a este mundo! La concentración nos ayuda a salvarnos de nosotros mismos para así poder ayudar a este mundo a salvarse de sí mismo. Te lo puedo decir más alto, pero no más claro... Y te garantizo que no exagero lo más mínimo.

La importancia de la concentración

Con todo lo dicho, ¿queda alguna duda sobre la importancia de la concentración? No solo es importante; más bien, es una de las cosas más cruciales que puede hacer un ser humano para contribuir al futuro de la humanidad. Me atrevo a decirte mucho más, y lo hago con total convicción: no solo es crucial, sino que resulta lo más importante que cada persona puede hacer por este mundo. ¿Se te ha ocurrido algo más relevante todavía? Entonces te respondo lo siguiente: si haces eso mismo con una mente concentrada, lo harás infinitamente mejor en todos los aspectos. Cuando una mente está verdaderamente concentrada, hace las cosas de la mejor forma posible y contribuye al plan de regreso a la unidad que persigue todo sendero espiritual. Y lo hace, precisamente, para salvar a la humanidad de su estado actual de separación, totalmente opuesto a la unidad.

La concentración no es una cualidad de la que solo unos pocos disponen. Todo ser humano tiene una mente con la capacidad de alcanzar un estado de máxima concentración. Observa a un niño jugando, totalmente inmerso en su mundo imaginario, y verás una mente concentrada. Si observas a ese niño diez, quince o veinte años después, seguramente verás que esa capacidad de concentración parece haberse esfumado (al menos, ocurre así en la mayoría de los seres humanos). Aunque tenemos dentro una gran capacidad de concentración, cada ser humano se encuentra separado de ella en un grado u otro.

Es cierto que hay casos de falta de concentración que podrían entran en el terreno patológico, y no me voy a centrar en esos casos, ya que se trata de un dominio diferente al que aquí nos ocupa, y requiere de la ayuda de un profesional debidamente cualificado. Pero no nos engañemos, la gran mayoría de los seres humanos se encuentran en ese estado de alejamiento de la mente concentrada que no procede de cuestiones patológicas, sino de haber ido creando, día a día, con su esfuerzo consciente o no, las condiciones para que cada día su mente se encuentre menos concentrada. Y eso sí que es una lástima y un verdadero problema. No tengas ninguna duda: si todas esas personas recuperaran la conexión con la concentración, en el mundo no existirían los problemas que ahora nos aquejan, y viviríamos en un auténtico mundo feliz, con una humanidad que lejos de alejarse de su curso de evolución, volvería al sendero correcto: en dirección a la unidad. Me gustaría poner énfasis en un mensaje clave que se deriva de lo anterior: la concentración no es una condición nueva que debamos crear. Por el contrario, se trata de una facultad de la que nos hemos alejado mediante un proceso de «desentrenamiento», guiado por un mal uso de nuestra voluntad. De lo que se trata no es de crear algo nuevo, sino de recuperar algo que ya trajimos a este mundo.

Cada ser humano suma a la humanidad las consecuencias de esa separación, y por eso el mundo está como está: fragmentado. Los seres humanos (y la humanidad en su conjunto) se encuentran identificados con una falsa idea de separación, que es la causa de todos los sufrimientos que crea cada día innecesariamente, llegando a extremos como hacerse daño a sí mismos... La humanidad vive en un estado de identificación con una ilusión... En lugar de mirar hacia el mundo material en que viven y darse cuenta de que están viendo un reflejo de los planos superiores, prefieren quedarse únicamente con la imagen reflejada —con la «sombra» de la realidad superior—, mezclarla con todo tipo de ideas, convertirla en una nueva película que nada tiene que ver con lo que verdaderamente se refleja y, además, olvidan por completo de dónde viene la verdadera imagen. Toman un árbol, y se quedan tan solo con su sombra... Y lo que es peor: la confunden y tergiversan... Por eso es necesario practicar la concentración: para recuperar el estado original que estuvo ahí siempre. Para recuperar la correcta visión de lo superior y del mundo material como una proyección de esos planos, es necesario romper con la ilusión de la separación, y la concentración es un elemento clave en el camino para lograrlo. Llegados a este punto, ¡deberían quedar menos dudas todavía sobre la importancia de practicar la concentración!

Hace falta teoría, pero sobre todo práctica

No te voy a engañar: la concentración cuesta esfuerzo, y no es poco. Pero no será un sacrificio que convierta tu vida en un infierno. De hecho, ¡se trata de todo lo contrario! Pero como todo lo bueno, hay que «trabajárselo». Con que dediques cinco minutos cada día a practicar es suficiente —más tarde querrás prolongarlo, ¡ya verás!—. Mientras practicas, es necesario un poco de teoría para que tengas claro qué estás haciendo, por qué y para qué. Pero lo más importante es la práctica regular, y, sobre todo, si dedicas esos minutos cada día terminarás viendo resultados que te dejarán con la boca abierta mucho antes de lo que puedas imaginar.

Si escribo este libro es, en primer lugar, para cubrir la parte teórica que mencionaba antes, de forma que tengas una idea clara, sin mezclas extrañas ni confusiones, de lo que estás haciendo realmente cuando practicas la concentración. Además, pretendo explicarte con claridad cómo practicar, y darte muy diversas técnicas que son aplicables en tu práctica regular, así como en diferentes situaciones de la vida cotidiana a las que te puedes enfrentar. De hecho, en esta obra encontrarás una guía práctica que te permitirá abordar diferentes situaciones de la vida utilizando lo aprendido en el libro.

Y no menos importante: desde estas páginas me propongo motivarte para que practiques, y que seas realmente consciente del gran bien que estás haciendo para ti como ser humano, pero también para la humanidad y su evolución. Como ya has podido apreciar, empiezo este libro con un gran entusiasmo, y no tengo duda de que lo voy a mantener e incluso incrementar durante su escritura. Lo sé porque así ha sido en las veintiuna obras precedentes. En consecuencia, si te dejas acompañar y motivar por este libro, y sobre todo si pasas a la práctica poquito a poco, unos minutos cada día, pero con regularidad, llegará un momento en que vas a disfrutar como un niño con un juguete nuevo cada vez que practiques, y estarás deseando que llegue la siguiente sesión para practicar más. ¡No exagero, y te lo digo por experiencia! También llegará el momento en que detectarás con claridad los beneficios de la práctica en infinidad de aspectos de tu vida cotidiana, sin tener la menor duda de que lo estás logrando gracias a tener una mente más concentrada. Esos procesos de reconocimiento son muy valiosos, y en esos momentos te alegrarás sinceramente de haber empezado este viaje. ¡Y yo te felicito por adelantado porque estoy seguro de que vas a practicar!

Una cuestión de propósito

Si alcanzas una mente más concentrada, entonces eres más feliz. Y si tú eres más feliz, entonces yo seré más feliz. Estarás contribuyendo de un modo u otro a compensar tu deuda de destino y la de la humanidad, de eso no hay duda. ¡¿Cómo no iba a ser feliz por ello?! No es necesario que vea los resultados. ¡El mundo los verá, y eso es lo que más importa, y eso me hace feliz, desde este mismo momento! Y es una justificación más que suficiente para que escribir este libro sea una auténtica delicia.

Cada obra la escribo una vez y la reviso varias... Después se pasa por otras tantas fases de revisión y de mejora del texto. Como prometen algunos, todo el mundo puede escribir un libro en treinta días o menos... Pero escribir una buena obra no se logra de esa forma. Hay un esfuerzo enorme detrás. Hay una inversión de energía más que remarcable si realmente amas lo que estás escribiendo y si tienes una genuina intención de ofrecer lo mejor de ti mismo en cada libro. Pero te puedo prometer que para mí todo ese esfuerzo no solo merece la pena, sino que es un auténtico placer. ¡Quizá sea gracias a una mente concentrada! ¡En realidad es por eso! Y lo más bonito es que al aplicar una mente concentrada, te beneficias de todo el trabajo hecho en entrenarla, pero también la entrenas para ir más lejos.

También he escrito esta obra por una cuestión de propósito y misión, temas que encuentro esenciales. Si me preguntas por mi misión en la vida, te diré que consiste en contribuir a despertar la consciencia de la humanidad. Todo lo que hago, independientemente de si es en lo científico, en lo técnico, en lo literario, al comunicar en un escenario, etc., lo hago con esa idea en mente. Por otro lado, como ya he expuesto antes, la misión de este libro no es otra que contribuir a tu felicidad y, por ende, a la de la humanidad y a su misión de regreso a la unidad.

Deseo sinceramente haber logrado motivarte con estas palabras, y te doy las gracias por acompañarme en este viaje y, sobre todo, por permitir que este libro viaje contigo en ese sendero. Tenemos que introducirnos en el tema y comprender por qué es tan importante la concentración. De eso nos vamos a encargar a continuación...

El éxito exige concentración

Para que puedas comprender con mayor claridad por qué la concentración es tan sumamente crucial, te pido que me acompañes por un primer sendero que ya de partida te llevará a tenerlo muy claro. Después construiremos más argumentos que te darán una visión todavía más nítida si cabe, pero tenemos que ir presentando primero las piezas para que luego encajen perfectamente. La práctica llegará más tarde, pero es imprescindible que empecemos por aquí, ya que luego el camino práctico funcionará mucho mejor, puedes creerlo.

Quisiera hablarte, en primer lugar, de éxito. Pero lo hago a nivel espiritual, y no de la forma en que estamos acostumbrados a entender el éxito. El mensaje clave es el siguiente: el éxito no se encuentra ahí fuera, en el escenario material en que transcurre tu vida cotidiana. ¿Te resulta chocante? Te lo pregunto porque en la mayoría de los casos es así y, en esencia, gran parte de la razón radica en el enorme apego que todavía tiene la mayor parte de la humanidad a la materia.

Tal materialismo nos empuja a creer ciegamente que todo empieza y termina en el mundo material, incluyendo el éxito, que está basado en poseer, alcanzar, cosechar, superar, sentir poder, etc. Como ocurre siempre, al añadir una perspectiva espiritual al problema del materialismo, contribuimos a su solución, y las cosas cambian radicalmente. Una visión materialista «poda» la realidad, eliminando la parte más grande de ella (todo lo que queda más allá de lo meramente objetivo, visible y medible a través de los sentidos o extensiones de ellos). Al añadir un componente espiritual a esa visión tan limitada, se vuelve a «pegar» la parte que se cortó —o al menos una fracción de esta—, con lo que contribuimos a reparar el problema. En lugar de ver solo una pequeña parte de la realidad, comenzamos a ver mucho más, y es ahí cuando surgen los momentos reveladores, esos en los que solemos decir «ajá».

En el caso que nos ocupa, el componente espiritual que vamos a añadir consiste en comprender que todo lo que logramos en el exterior (el plano material) comienza realmente en nuestro interior. De hecho, el triunfo exterior no es más que la pequeña manifestación visible del gran éxito interior que hemos logrado antes. Y no puede ser de otro modo, puesto que como reza parte del conocido principio hermético de correspondencia: «Como es dentro, es fuera». Cuando digo esto en alguna conferencia, siempre aparece alguna persona que dice: «Y como es fuera, es dentro». Y es ahí cuando respondo que sí en general, pero no necesariamente en particular... El principio de correspondencia te permite pasar de lo general a lo particular, y también lo opuesto. Pero no tienes por qué hacer las dos cosas en el mismo caso de aplicación; todo depende de cómo lo uses. En este caso, lo que usamos es «como es dentro, es fuera», y no la forma inversa, que por muy cierta que sea, en este razonamiento concreto no tiene el interés principal.

El éxito se cosecha dentro de ti. Y cuando lo has hecho, se refleja ahí fuera, porque lo exterior y lo interior se encuentran en correspondencia, son un reflejo mutuo... Tu realidad exterior es un reflejo de lo que sucede dentro de ti, puesto que, en realidad, no existe un *dentro* y un *fuera*. Así que cuando veas un éxito en tu vida cotidiana, no dudes en pensar que es el resultado de algo que has hecho a través de tu trabajo interior, seas o no consciente de ello. Lo que mejora dentro, termina mejorando fuera. Y lo que mejora fuera es el resultado de una mejora que ha sucedido en tu interior. También es cierto que los cambios en el exterior terminan induciendo cambios en el interior, pero, una vez más, insisto en que ese sentido de aplicación no es de interés en el razonamiento que estamos desarrollando.

Para decirlo de otro modo, el trabajo que debemos realizar debe ir desde dentro hacia fuera, principalmente. Por supuesto, puede y debe ser complementado por un trabajo que empiece fuera y dé sus resultados dentro de ti, pero la parte más considerable es la que empieza dentro de ti, y suele olvidarse. De ahí que tanta gente diga que no tiene éxito, cuando, en realidad, no están haciendo nada en su interior para lograrlo, y tan solo esperan que un día llegue milagrosamente ahí fuera, en el plano material al que reducen todo.

Ahora bien, para trabajar en tu interior necesitas algún medio que te permita hacerlo. Estamos acostumbrados a usar los sentidos físicos y el intelecto, que son los que nos permiten acceder al plano material y comprenderlo. Pero esos medios no nos sirven para el propósito buscado, puesto que están hechos para «mirar hacia fuera», y nosotros queremos hacer justo lo contrario. Necesitamos algún sentido de observación que nos permita girar la visión hacia el interior, para poder trabajar allí. Debe ser un medio introspectivo capaz de desconectar de los sentidos físicos y del intelecto para así poder realizar ese giro de observación. Ese «sentido» existe, y se llama meditación. Efectivamente, la meditación te permite desconectar del mundo exterior —que es el plano inferior o material— en el que tanto tiempo inviertes, y te reconecta con tu universo interior —que te lleva a los planos superiores—, de forma que puedas trabajar en realizar los cambios pertinentes.

Dirigir la energía

Añadamos a todo lo expuesto otro principio muy importante: donde pones tu atención, pones tu energía. Efectivamente, se cumple siempre, y no es posible lograr ningún éxito en el desenvolvimiento espiritual sin comprender y —ante todo— aprender a manejar dicha ley. Cuando explico esto en mis conferencias, suelo hacer referencia a mi gatita Dulcy —si has leído alguno de mis libros o me sigues en las redes sociales, es probable que la conozcas—. No puedo decir que sea muy grande, pero lo que pueda faltarle de tamaño lo compensa en dotes de caza. En numerosas ocasiones, la he visto pasar delante de mí corriendo tras un pájaro. En esos momentos, me quedo anonadado cuando veo cómo mira al ave fijamente. Toda su atención está puesta en ese animal, con la firme intención de cazarlo, pero con una inmensa paciencia, esperando el momento perfecto para hacerlo. ¡Toda su energía está puesta en cazar ese pájaro! Ahí tienes un ejemplo que nos ofrece la naturaleza de una mente capaz de dirigir su energía hacia un objetivo concreto de forma magistral. Dulcy no lo hace de forma consciente, puesto que no funciona desde la autoconsciencia —si lo hiciera, sería humana—, pero la subconsciencia se ocupa de ello. Precisamente por eso no parece costarle esfuerzo, mientras que a los seres humanos —que sí disponemos de autoconsciencia, no siempre bien usada— nos cuesta horrores mantener la concentración conscientemente en algo concreto, sobre todo cuando algunas ideas formadas en nuestra mente nos hacen creer que es algo que no queremos, que es difícil, que aburre, que cuesta mucho, que no vale la pena, etcétera.

La verdad es que vale la pena aprender a dirigir la atención conscientemente hacia algo concreto y lograr mantenerla en ello, como hace Dulcy con los pájaros y otros animales, pues valga decir que su repertorio es muy variado. Es un secreto para el éxito. Si quieres que te diga lo mismo de otro modo, no se pueden alcanzar los resultados que deseas si no eres capaz de dirigir conscientemente tu atención y mantenerla en las cosas correctas.

En efecto, si aprendes a dirigir conscientemente tu atención, aprenderás a dirigir tu vida. Esto no debería sorprenderte tras todo lo explicado: si diriges tu atención, conduces tu energía hacia objetivos concretos. Y donde pones la mayor parte de la energía es hacia donde diriges tu vida principalmente.

Usando las piezas expuestas en las páginas anteriores, podemos concluir que para lograr lo que te propones ahí fuera, debes operar en tu interior de la siguiente manera:

1. Desconectar del plano material y dirigir tu visión a tu mundo interior, gracias a la meditación.
2. Identificar las áreas en que deseas realizar mejoras.
3. Dirigir tu atención a esos aspectos. Al hacerlo, les estás dando toda tu energía.
4. Esos aspectos se energizan, y como resultado, mejoran.
5. Y «como es dentro, es fuera». Lo que has mejorado dentro de ti terminará atrayendo una realidad similar en tu exterior (por supuesto, no sin acción por tu parte).

Los pasos uno al tres requieren de acción por tu parte. Hasta ahí estás trabajando conscientemente sobre el subconsciente. Los pasos cuatro y cinco no requieren de tu intervención; el subconsciente se encarga de ellos. Y siempre que le dejes hacer su trabajo —sin intentar decirle cómo y cuándo debe hacer las cosas, y sin tratar de hacer conscientemente algo que está más allá de las capacidades de la autoconsciencia—, te irá dando señales en los momentos precisos. En lugar de intentar hacer el trabajo del subconsciente o tratar de meterte en su terreno, es mejor que le dejes hacer y confíes genuinamente en él. No malgastes energía en algo que solo va a frenar su trabajo. En su lugar, es mejor que emplees esa energía en lo más importante: permanecer alerta ante las señales que irán apareciendo y te irán sugiriendo el camino que debes seguir. Cuando eso suceda, debes estar en disposición de entrar en acción.

El superpoder de la concentración

Si hay algo crucial en todo este proceso es la capacidad de mantener tu atención enfocada en una sola cosa. ¡Esa es la clave! Y para decirlo de un modo todavía más conveniente, se trata de la capacidad de multiplicar y dirigir tu energía voluntariamente. Necesitamos, pues, desarrollar algún poder que nos permita hacer justamente eso, ¿no es así? ¡Pues no! No hay nada que desarrollar... Recuerda el ejemplo antes expuesto de un niño jugando. Al contrario que un niño cuando juega, la realidad es que cada vez más vamos dejando entrar las distracciones en nuestro campo de observación. Y cuanto más lo hacemos, más nos alejamos del objetivo de multiplicar y dirigir la energía. De hecho, la energía se dispersa, da saltos de un sitio a otro, depositándose en esto y en aquello —pero no en una sola cosa— y pierde poder. Por ende, no se trata de crear nada nuevo, sino de recuperar una capacidad que ya trajimos a este mundo.

Para lograrlo, debemos hacer dos cosas. Por un lado, ir deshaciéndonos de las malas costumbres que hemos ido adquiriendo durante los años, que son las que han ido creando una separación de ese poder que anhelamos; son los obstáculos que te impiden utilizarlo en su plenitud. Te garantizo que eso cuesta esfuerzo, pero si lo haces correctamente, no tiene por qué llegar a ser un sacrificio sobrehumano, y es una inversión de la que nunca te arrepentirás. Además, debemos hacer un esfuerzo por entrenar el uso de esa capacidad que queremos recuperar. ¡Y te garantizo que eso cuesta todavía más esfuerzo! Es todo un entrenamiento que requiere de determinación, constancia, paciencia, etc. Lo que empiezas entrenando termina volviéndose algo muy natural un día. Esfuerzo te va a costar, de eso no hay duda. Pero si lo haces bien, llegará a ser llevadero, e incluso le «cogerás el gusto», y te garantizo que si te lo propones puedes lograrlo. De nuevo, si se hace bien, no debería jamás representar ningún sacrificio más allá de lo razonable. Es como cuando vas a un gimnasio con un objetivo específico. Es obvio que vas a trabajar, y si quieres conseguir algo, tienes que ir con un mínimo de determinación y tener la firme decisión de esforzarte y perseverar. Pero si sigues un buen plan de trabajo, y persistes durante el tiempo necesario, poco a poco lo conseguirás, y no tardarás mucho en ir a entrenar con entusiasmo, sobre todo cuando vayas viendo pequeños progresos. Pasa lo mismo con el entrenamiento de la atención, aunque se trate de un gimnasio un poco diferente.

Esa capacidad de la que tanto hablamos es todo un superpoder, y se llama *concentración*. Y no estoy exagerando ni un ápice. ¡Es un superpoder! Los sabios del pasado lo sabían muy bien. Ese poder es tan grande que permite hacer auténtica magia. Debemos comprender ese término como lo que realmente significa, que no es hacer cosas que parecen imposibles violando las leyes universales para beneficio propio. Por supuesto, hacer magia implica manejar un poder que está oculto para la mayoría de los seres humanos por la sencilla razón de que se encuentra más allá de lo meramente material. Puesto que la mayoría de nuestros semejantes viven sumergidos en la materia y no quieren ver más allá, cualquier acto de verdadera magia les parece, *a priori*, imposible, una mentira, un truco, etc. Y si llegan a verlo, *a posteriori*, siguen sin ser capaces de explicarlo, pero lo habitual es dejarlo estar y decir que tiene que existir alguna explicación meramente material, en el plano físico, pero que no son capaces de dar con ella.

No nos confundamos: cuando hablo de magia no hace falta que te vayas a los extremos de las películas. Cuando un ser humano crea algo nuevo para el bien de la humanidad —genuinamente y no con egoísmo, con el deseo de servir, en lugar de servirse—, está haciendo auténtica magia. Los sabios del pasado lo conocían bien, y si tienes ojos para ver, todo el legado escrito, el simbolismo, etc., que se pierde en la noche de los tiempos, lo refleja bien.

Un ejemplo simbólico

Te daré un ejemplo: te invito a buscar en internet una imagen del arcano número uno del tarot, en su versión de Rider-Waite —te resultará muy fácil de encontrar, por ejemplo, en Google Images—. Antes de seguir, es preciso que haga un breve inciso: si ya has leído obras anteriores escritas por este servidor, sabes que me he referido a ese arcano en más de una ocasión. Sin embargo, hacerlo aquí no es señal de redundancia alguna. Lo que contiene ese arcano no pueden explicarlo textualmente todos los libros del mundo escritos y por escribir, ya que está más allá de las palabras. Como todos los arcanos del tarot, habla a tu subconsciencia, y la parte visible es solo una minúscula fracción. Y refleja principios y leyes universales que se aplican en todos los aspectos del desenvolvimiento espiritual, y que resultan sencillamente cruciales. Cada mención —de este u otros arcanos— es una especie de «mundo nuevo», y por más obras que escriba, nunca podré referirme lo suficiente, y cada vez será diferente.

Dadas las anteriores aclaraciones, vamos a extraer algunas enseñanzas del mago para lo que aquí nos ocupa. Observa sus manos: una se dirige hacia arriba, mientras que la otra apunta hacia abajo. Aquí se nos recuerda la ley hermética de correspondencia, pero esta vez en el sentido «como es arriba, es abajo», y no en el opuesto. Ese mago está haciendo auténtica magia. Está transformando la potencialidad infinita de los planos superiores —fíjate en la lemniscata sobre su cabeza— en manifestación finita en el mundo material. Es un mediador entre «lo de arriba» y «lo de abajo». Es un agente intermediario entre lo divino y lo terrenal, entre la supraconsciencia y la subconsciencia a través de la autoconsciencia, entre lo invisible y lo visible... Se puede expresar de mil formas, pero ese papel mediador resulta crucial. No es raro que desde tiempos muy remotos se le haya asociado, en su sentido astrológico, al planeta Mercurio.

Para hacer auténtica magia hay que hacer lo que muestra ese mago. Cada vez que un ser humano crea algo nuevo para el bien de la humanidad, está haciendo lo mismo que el mago del tarot, y está aplicando todos los principios visibles e invisibles que se ocultan en ese arcano. Dicho de otra forma, no se puede traer algo nuevo a manifestación para el bien de la humanidad si no se hace lo que está mostrando ese personaje del tarot...

El mago toma ese potencial infinito e ilimitado y lo transforma en una forma mental, hecha de la misma substancia universal, pero dotada de una forma limitada y vibrando en planos mucho más sutiles que el plano material. Después, la proyecta hacia abajo, en particular, hacia el jardín que se puede ver en la parte inferior. Se trata del jardín de la subconsciencia universal, que es muy fértil; lo que allí plantas, se reproduce con mucha rapidez —y aquí cabe una advertencia, ya que esto se cumple tanto con la buena como con la mala semilla mental—. Cuando el mago dirige esa forma hacia ese jardín, empieza el proceso de manifestación, y lo que solemos llamar ley de atracción —cuando se comprende como es debido— empieza a funcionar. En ese jardín, esa forma mental empieza a atraer a formas similares —de ahí la atracción—, convirtiéndose en algo mayor y más poderoso. Lo que va desde ahí hasta la manifestación en la materia ¡es otra historia! Pero la magia ya está hecha. Luego, esa forma intentará aprovechar cualquier sendero de descenso posible hacia el plano físico. Esos caminos requieren de la intervención de los seres humanos —no necesariamente solo del individuo que ha creado la forma mental—, y se presentan ante ellos desde la subconsciencia universal hacia sus subconscientes personales, que son parte de la primera.

Es ahí cuando aparecen las señales que nos dejan ver esos senderos para seguir, como pueden ser los sueños, las sincronicidades, momentos de intuición, etc. Por ejemplo, en esos momentos intuitivos en los que las señales se presentan ante ti, te estás armonizando con el plano en que esas formas están intentando descender y manifestarse. Después, otra cosa es que quien sea consciente de esas señales haga algo al respecto. Si pasa a la acción de manera inspirada (dejando que esa forma mental actúe y se exprese sin crear oposición), entonces estará completando el vínculo que permitirá que lo que empezó como una forma mental se manifieste, tomando forma en el mundo material. En resumen, se han producido una serie de transformaciones entre niveles de vibración diferentes, desde los más sutiles hasta el más denso (la materia), y en ese proceso hay un componente imprescindible: el mago que hace de intermediario. Sin ese mago, lo superior se queda ahí arriba, en estado potencial, y lo inferior sigue su curso a través de leyes físicas mecánicas que no puedes modificar a voluntad. Son como dos mundos diferentes —que no separados—, que no dejan de ser emanaciones de una misma cosa, pero que operan en planos vibratorios diferentes. Sin embargo, la figura del mago logra conectar lo superior y lo inferior, y crea un vínculo que permite que lo de arriba, donde se puede obrar auténtica magia, se termine manifestando en el mundo «de abajo».

Si reflexionas sobre todo lo expuesto, te darás cuenta de que cada vez que creas algo nuevo estás aplicando ese proceso. Ahora bien, para hacer auténtica magia, no debes dejar que el ego se entrometa. Si tu objetivo consiste en satisfacer tus propios intereses personales, entonces puede que esa magia dé unos u otros resultados, pero acumularás una deuda de destino que más adelante tendrás que compensar. Ese tipo de magia (que a menudo se llama «negra») equivale a «cortarle» al mago el brazo que apunta hacia arriba... Te aclaro que esta última no es la magia de la que estoy hablando en estas líneas, ni tampoco es la magia que está aplicando realmente ese mago del tarot. Todas las anteriores explicaciones tienen una estrecha relación con el correcto empleo de la ley de atracción, aunque aquí no perseguimos el objetivo de explicar en detalle ese tema.

Habría que añadir y llegar a comprender correctamente muchas otras piezas como el amor, la fe, las resistencias mentales, etcétera, pero nos estaríamos alejando del mensaje central que aquí nos ocupa. Si te interesa el tema, he escrito otras obras que aportan mucha más información sobre la correcta comprensión y uso de la ley de la atracción, e incluso el vínculo que surge al llevar algunos asombrosos hallazgos de la ciencia al terreno filosófico.[1] Tan solo desearía poner el acento en la importancia de la fe, y no me estoy refiriendo —ni de lejos— a la creencia ciega en determinadas verdades impuestas por terceros. Respeto totalmente a quien practique esa forma de entender la fe, y tan solo aclaro que en estas páginas no me estoy refiriendo a esa interpretación. Como acostumbro decir, si no esperas algo, poco conseguirás... Visto del revés, difícilmente puedes crear nada nuevo en el plano material si no lo esperas... O expuesto con otras palabras: para crear algo nuevo en el mundo de la forma, necesariamente tienes que esperar que suceda... De otro modo, como mínimo, significa que no crees que puedas lograrlo, y eso de por sí ya constituye una resistencia enorme.

1. Félix Torán, *La respuesta del universo hoy*, Ediciones Carena, Barcelona, 2024.

Sin fe, puede que logres crear algo nuevo en los planos superiores, con la materia sutil que los caracteriza. Ahí nos quedamos con la mano del mago que apunta hacia arriba. Pero esa nueva creación no se verá realizada en el plano material si no crees que puedes lograrlo. Es posible que la mano del mago que apunta hacia abajo también funcione, y «plantes» una nueva forma mental en el jardín de la subconsciencia. Sin embargo, si no crees realmente que puedes conseguirlo, vas a plantar otras formas todavía más poderosas en ese jardín, que se opondrán a la que habías plantado antes, y difícilmente le permitirán proliferar. Habrás trabajado mucho en sembrar, pero no llegarás a recoger nada, porque no habrá nada concreto que recoger. Habría que precisar muchas cosas más para llegar a aclarar en detalle este tema, lo que implicaría llenar muchas páginas, pero —me permito insistir— nos estaríamos alejando del tema central. Por eso no se me ocurre nada más apropiado para lograr decir millones de cosas sobre la fe en muy pocas palabras que recurrir a las sabias palabras de san Pablo en su epístola a los hebreos (11:1):

> Es pues la fe la substancia de las cosas que se esperan, la demostración de las cosas que no se ven.

Si reflexionas usando la frase anterior y meditas tomándola como soporte, entre muchas otras cosas se te revelarán muchos vínculos con las explicaciones que hemos dado acerca del mago del tarot.

¿Y cómo hace el mago para obrar esa magia? ¿Qué poder emplea para convertirse en un agente mediador entre lo superior y lo inferior? ¡La respuesta está en su cara! Por eso te recomendaba que buscaras la imagen del tarot de Rider-Waite —como ya te anticipaba, es fácil de encontrar—, ya que lo muestra de una forma bastante explícita. Fíjate en su expresión... ¡Está concentrado! Desde luego, no tiene cara de estar distraído, ¡eso está claro! Podemos concluir que la concentración es el superpoder que permite hacer esa magia de la que tanto hemos hablado. ¡No es poco!

Transformar la energía

Otro aspecto importante consiste en que el mago es un auténtico transformador de la energía. La física nos ha enseñado que, en el universo, la energía ni se crea ni se destruye, solo se transforma. La energía de la que todo se crea está siempre ahí, pero va tomando diferentes formas, siguiendo diferentes procesos de transformación. Pero debemos entenderlo correctamente: esa ley de la física solo se aplica, como es obvio, al mundo físico. ¡De otro modo, no sería una ley física, sino metafísica! Y el materialismo imperante podría conducirnos a un error típico: pensar que el mago está usando esa ley puramente física; es decir, tomando energía del plano material y convirtiéndola en otros tipos de energía en el mundo físico. Pero eso no es lo que hace el mago; no trabaja exclusivamente en el plano material. Las leyes con las que opera no solo son físicas, sino también metafísicas. La energía que transforma viene de lo superior, y el resultado visible lo podemos apreciar y medir en el mundo físico. Para expresarlo de otro modo —entendiendo correctamente el principio hermético de causalidad—, la causa y el efecto de lo que crea el mago no residen en el plano material. En realidad, la causa reside en los planos superiores, y el efecto lo vemos en la materia. La causa sucede en el mundo de los significados, y el efecto se deja apreciar en el mundo de las apariencias.

Resulta importante anotar que tan solo hemos abordado una pequeña fracción del simbolismo que oculta ese arcano —que es uno entre los veintidós del tarot— y, aun así, hemos extraído mucho jugo con este ejercicio, ¿verdad?

Algunas frases sobre la concentración

A pesar del sendero introductorio que hemos recorrido, sigue teniendo interés definir concretamente qué es la concentración, y hablar en mayor detalle sobre su capacidad para multiplicar y dirigir la energía. De todo esto nos ocuparemos en el capítulo siguiente. Pero antes de cerrar esta introducción, escuchemos lo que nos pueden decir algunas figuras ilustres del pasado en diferentes campos acerca de la concentración.

> La concentración es la raíz de todas las capacidades del ser humano.
>
> BRUCE LEE

> Lo único que puede crecer es aquello a lo que das energía.
>
> RALPH WALDO EMERSON

> Nunca podría haber hecho lo que he hecho [...] sin la determinación de concentrarme en un tema a la vez.
>
> CHARLES DICKENS

> Para reducir lo infinito a lo finito, lo inasequible a lo humanamente real, solo hay un camino: la concentración.
>
> THÉOPHILE GAUTIER

Te invito a leerlas y a meditar al respecto, ya que tienen total relación con lo expuesto en el presente capítulo, y con todo lo que aprenderás en este libro. Por ejemplo, es innegable el vínculo casi directo entre la frase de Théophile Gautier y el arcano del mago, del que hemos hablado. Te invito a encontrar citas acerca de la concentración en los textos que nos han legado los grandes sabios del pasado. ¡Verás que hay muchas referencias! Si haces este ejercicio de investigación, te garantizo que se abrirán ante ti puertas reveladoras. Te darás cuenta de que la importancia de la concentración ha estado ahí presente para los sabios de todos los tiempos y que, de una forma u otra —más o menos velada—, nos lo han estado intentando decir.

Capítulo 1

¿Qué es la concentración mental?

En un mundo lleno de distracciones, la capacidad de concentrarse se ha convertido en un superpoder. Pero ¿qué es realmente la concentración mental? ¿Quieres saberlo sin complicadas definiciones ni largos discursos que no se terminan de entender? ¡En este capítulo te lo explico muy claro y con detalles que te sorprenderán! Vamos a recorrer los fundamentos de la concentración mental, desglosando sus componentes y empezando a revelar el enorme potencial que encierra para tu vida cotidiana y tu bienestar general, algo en lo que ahondaremos todavía más en el capítulo siguiente.

Una definición sencilla y práctica

Tras el recorrido introductorio que hemos realizado en el capítulo anterior, nos encontramos en el punto ideal para definir la concentración mental. Para progresar adecuadamente hacia su práctica, todavía es necesario realizar ese esfuerzo para expresar con palabras qué es, en esencia, la concentración. Realmente, hay numerosas formas de hacerlo dependiendo del aspecto en el que desees enfocarte. Por ejemplo, cuando decíamos que la concentración permite potenciar y dirigir la energía, ya nos hemos aproximado un poco a uno de esos enfoques —en términos de energía, y te avanzo que en este mismo capítulo nos adentraremos todavía más en el asunto—. Por darte otro ejemplo, también podríamos centrarnos en las distracciones mentales, y podríamos definir la concentración como una mente sin distracciones. Cada definición le da un mayor peso a una o varias dimensiones de la concentración e, inevitablemente, resta cierta carga a otras.

A este servidor le gustan las definiciones prácticas, sencillas y accesibles, y por eso quiero darte una en esa línea, que para mí reúne lo más esencial de la práctica de la concentración y, al mismo tiempo, encaja perfectamente con el espíritu de esta obra. En esos términos, definiría la concentración mental como sigue:

> La concentración mental consiste en fijar la atención mental en una sola cosa durante largos períodos, sin distraer la mente con nada más.

Hay quienes definen la concentración como el acto de seleccionar un estímulo del ambiente que nos rodea e ignorar todos los demás estímulos. Esta definición es muy interesante y precisa, y tiene un enfoque de corte psicológico. Sin embargo, me quedo con la definición que te he presentado más arriba, que no se centra en la dimensión psicológica del ser humano, sino que asciende a una comprensión espiritual, y que, además, no se limita únicamente a objetos de observación procedentes del ambiente exterior, sino también del interior. Además, el acto central —por llamarlo así— de la concentración no es tanto seleccionar como mantener el foco mental en una sola cosa. Por ejemplo, tú puedes seleccionar un sonido que viene de tu entorno inmediato y concentrarte en él, y diez segundos después elegir un pájaro que se posa delante de ti, y a los pocos segundos cambiar a concentrarte en la sensación del aire acariciando tu piel. Esas son tres «microconcentraciones» seguidas, pero desde luego no son ningún ejemplo de lo que —desde la noche de los tiempos— ha significado una mente concentrada. Por todo ello, no me gusta esa definición y me quedo con la que te propongo más arriba, que tiene mayor sentido en la dimensión espiritual.

De hecho, la otra definición le da más peso a ignorar las distracciones que a mantener la mente enfocada en una cosa. Por supuesto que lo primero es importante y forma parte del ejercicio, pero el esfuerzo principal es, sin duda, el de mantener nuestra atención en una cosa.

No pretendo hacer un análisis de las diferentes formas de definir la concentración, pues sería muy extenso, y ya te he dado la forma de definirla que encuentro más sencilla y ajustada a lo que necesitamos para seguir el recorrido de este libro. Pero, por supuesto, te invito a encontrar tus propias formas de definirla y conocer otros puntos de vista, siempre teniendo en cuenta que cuando se hace con seriedad, te encontrarás siempre con formas diferentes de hablar de lo mismo, y ninguna es ni mejor ni peor que otra.

El ego y su papel en la práctica

La definición que te he proporcionado es fácil de decir, desde luego. ¡Pero ponte a hacerlo y verás cuánto se suda! Bromas aparte, es totalmente cierto que se trata de algo «difícil». Y lo pongo entre comillas, porque no existe realmente nada fácil ni difíci, ni baremo alguno —mucho menos universal y menos aún objetivo— que sea capaz de medir la dificultad absoluta de algo. Lejos de ser fáciles o difíciles, las cosas cuestan un esfuerzo. En el caso de la concentración —sobre todo al empezar—, el esfuerzo es considerable, como podrás comprobar en cuanto te pongas manos a la obra. Pero invertir ese esfuerzo merece la pena, como también podrás comprobar si pones de tu parte.

Te propongo que hagas una pausa en la lectura y pruebes a mantener tu mente concentrada en una sola cosa. Por ejemplo, tomando como referencia algo que he usado en mis eventos con miles de personas: cierra los ojos, crea mentalmente una imagen de la torre Eiffel y mantenla todo el tiempo en tu pantalla mental, sin pensar en nada más. ¡Sigue leyendo! Pruébalo ahora durante unos minutos, y luego continuamos...

¿A que no ha sido fácil? Si me dices que has conseguido mantener la atención fija en la imagen mental durante al menos veinte segundos, te diré que tienes ya un grado muy respetable de avance en el poder de la concentración. Y si me dices que cada dos segundos te has distraído, no te diré que has fracasado, sino que es lo que le pasa a la mayoría de las personas que lo intentan. ¡Así que, efectivamente, hablamos de algo fácil de decir, pero que no es nada sencillo de llevar a la práctica!

Pero ¿por qué cuesta tanto? La respuesta está en el ego... Verdaderamente, cuando haces el esfuerzo de mantener la atención concentrada en una sola cosa, estás desafiando al ego frente a frente, y de forma contundente. El ego desea que tu mente se encuentre muy agitada. Lo necesita porque una mente que da saltos constantes de un pensamiento a otro le permite alcanzar su objetivo de que te identifiques con las falsas ideas mentales que fabrica para ti. Suele lograr su cometido más rápido cuanto más revolucionada se encuentra tu mente. Sin embargo, cuando fijas tu mente en una sola cosa, no puede hacer nada de eso, porque tu mente está totalmente bajo tu control, y no da saltos a ninguna otra parte. El ego se asfixia... Se queda sin oxígeno, y tiene que luchar para sobrevivir. Para conseguirlo, hará lo imposible para intentar recuperar la condición anterior, es decir, una mente agitada que le permita seguir saliéndose con la suya. Por eso, no dejará de lanzar todo tipo de distracciones, y el ego parece disponer de una creatividad infinita para generar los objetos de distracción más oportunos y originales. Igual sientes ganas de rascarte, o recuerdas alguna situación pasada, o se te ocurre algo mejor que podrías estar haciendo, o te entra miedo, o empiezas a dudar sobre la tontería que estás haciendo al intentar concentrarte... Las posibilidades son inmensas, y el objetivo es siempre el mismo: desviar tu atención hacia algo diferente de tu objeto de concentración. Cada vez que consigue que prestes atención a sus distracciones, logra recuperar algo de oxígeno, y va recobrando poder. Si se sale con la suya, te sumergirá de nuevo en una mente distraída, que no deja de dar saltos, y en la que la energía no está concentrada, sino dispersa.

Como habrás apreciado, la práctica de la concentración es una especie de combate en el que te enfrentas cara a cara al ego. Tú tratas de mantener tu mente fija en una cosa, y el ego trata de distraerte. Cabe preguntarse, ¿por qué hay un ego ahí haciendo de las suyas? Hay muchas respuestas que se podrían dar desde una perspectiva espiritual, y una de ellas consiste en considerar qué ocurriría si no hubiera ningún oponente interior con el que combatir. Si eso fuera así, significaría que no tendrías ningún problema para concentrarte, puesto que no existirían distracciones. Habrías alcanzado la iluminación más absoluta, te habrías liberado de toda imperfección, y serías un ser perfecto que habría compensado toda su deuda kármica. Y, con suerte, quizá toda la humanidad lo habría logrado también, consumando un salto evolutivo hacia una nueva etapa. ¡Ojalá estuviéramos allí! Pero no es el caso todavía, y por eso tiene que haber un oponente interior. Los seres humanos —y eso nos incluye a todos en todas las etapas de nuestra historia— hemos ido tomando decisiones equivocadas durante muchísimo tiempo, y hemos ido haciendo que ese ego grupal se vuelva más grande y poderoso, lo que se traduce en que el oponente personal también lo sea. Sin embargo, a mayor evolución en consciencia, el ego te molestará menos. Por tal razón, ese oponente interior es más o menos fuerte, y está bajo mayor o menor control en cada individuo, dependiendo del estado en que se encuentra en su sendero de evolución. Recuerda que un oponente no es necesariamente un enemigo que desea destruirte. Si lo miras de forma constructiva, un oponente te permite superarte y progresar. Sin el oponente, difícilmente lo lograrías, del mismo modo que no podrías desarrollar los músculos en un gimnasio sin enfrentarte a las pesas.

Si la humanidad fuera perfecta, ya se habría liberado de ese oponente por completo. Como no es el caso —y viendo cómo está el mundo es muy fácil darse cuenta—, la conclusión es que el oponente necesariamente tiene que existir. ¿Y cómo vencerlo? ¡Con esfuerzo! ¿Y con qué arma o poder? ¡Con la concentración!

Cuanto más practiques la concentración, más terreno le irás ganando a ese oponente. Cada vez serás capaz de permanecer más tiempo con la atención fija en una cosa concreta, y el ego te irá interrumpiendo menos. Es un proceso que requiere de esfuerzo, paciencia y perseverancia, pero si pones de tu parte, verás cómo lo logras. El ego te irá dejando en paz cada vez más, y cuando se dé cuenta de que no logra distraerte, terminará dándose por vencido, y apenas tendrás interrupciones. Por supuesto, insisto, esto no sucede de la noche a la mañana, pero sucederá si te lo propones, si lo deseas de todo corazón, y si te pones en marcha. Puede que vencer por completo a ese oponente nos lleve varias vidas... ¿Y qué? ¡Hay que tomarlo con paciencia! Y por poco que avances, el impacto en tu vida será increíblemente positivo. ¡Solo por eso ya vale la pena! En estas páginas ya sabes que me propongo motivarte para que lo desees con todas tus fuerzas, y también darte las herramientas para hacerlo bien. ¡Ánimo!

El poder de multiplicar y dirigir la energía

Ahora detengámonos en tratar el gran poder de la concentración mental para multiplicar y dirigir la energía, esta vez con mayor detenimiento. Es importante hacerlo, porque esas dos características ofrecen unas posibilidades inmensas, y cuanto mejor lo comprendas, más motivación encontrarás para desarrollar la concentración. No tengas la menor duda de que el poder de incrementar y dirigir la energía es un componente absolutamente crucial en todo sendero de desenvolvimiento espiritual serio y tradicional, ya sea esotérico, religioso, místico, ocultista, filosófico, iniciático, teosófico, etc. Puede que en algunos senderos se presente de forma poco clara o velada, puede que no se aluda directamente, puede que la forma de practicarlo sea distinta, puede que adopte distintos nombres..., ¡y muchos «puedes» más! Pero la conclusión es la misma que ya te anticipaba en la introducción: la concentración está en la base de todo sendero espiritual auténtico. Dicho de otro modo, no es posible avanzar en el desarrollo espiritual sin desarrollar la concentración como medio de potenciar y dirigir conscientemente la energía.

Para entenderlo mejor, encuentro interesante recuperar una analogía que encuentro muy ilustrativa, y que he empleado en otras obras y conferencias. Se trata de pensar en una lupa y un papel de periódico. Si pones un papel de periódico al sol, no se va a quemar. Esto se debe a que la luz solar es una radiación electromagnética que llega al papel de forma dispersa a través de su superficie. Sin embargo, si utilizas una lupa y la enfocas correctamente hasta lograr que la luz se concentre en un área muy pequeña, el papel tardará apenas unos segundos en comenzar a arder. Es así porque la energía no se encontrará dispersa. Por el contrario, se encontrará concentrada en una pequeña zona, y allí estarás poniendo a trabajar la energía con un mismo propósito, en lugar de dejar que se disperse naturalmente por el papel. En lugar de tener energía dispersa, tendrás energía concentrada, que más que sumarse, casi se podría decir que se multiplica...

Con la mente pasa algo parecido. En la vida cotidiana, la energía mental se encuentra dispersa, ya que el foco de atención mental no deja de dar saltos de un sitio a otro. Como ya hemos comentado en el apartado anterior, la energía mental va allá donde fijemos la atención. En consecuencia, durante una jornada típica de cualquier ser humano, la energía no deja de repartirse entre unos objetos de atención y otros. Sin embargo, cuando alcanzas una mente concentrada, es como si utilizaras una lupa mental, ya que pones tu energía mental a trabajar en un mismo propósito y, de nuevo, más que sumarla la multiplicas.

Creas un foco de energía amplificada, y eso no es todo. Además, puedes dirigirlo conscientemente hacia aquello que desees. Es como una especie de puntero láser mental; todo aquello que señalas con él recibe esa energía. Y puedes emplearlo de muchas formas... Por ejemplo, para despertarlo, puedes dirigir todo ese poder hacia un centro energético —puedes llamarle *chakra* o con otro de los muchos nombres que recibe—. También puedes emplearlo para dar energía a una imagen mental, creándola en tu mente con tu imaginación y sosteniéndola con tu concentración. Realmente, esa parte es crucial para que la visualización creativa funcione de manera correcta y, de hecho, la concentración es el poder clave para convertir la imaginación en visualización creativa. Hay quien emplea la concentración para dirigir la energía y aplicarla en diversas terapias de sanación que trabajan sobre el cuerpo vital (no el físico), de las llamadas «alternativas» —que yo prefiero llamar «complementarias»—. Y así podríamos extender mucho la lista porque, como te decía, la concentración se encuentra detrás de todo verdadero sendero espiritual.

Como queda claro, con la concentración estamos hablando de manejar energía, de ahí que tengamos que invertir mucho esfuerzo. Por eso te decía en la introducción —al establecer una analogía con un gimnasio— que debemos ser regulares, pero no caer en sobreesfuerzos. ¡Recuerda que estás usando mucha energía! Estarás de acuerdo en que es necesario alcanzar progresivamente conocimiento y práctica para ser capaz de manejar con eficacia, eficiencia, seguridad y responsabilidad cualquier tipo de energía. Imagina que sabes muy poco sobre electrónica y abres una máquina eléctrica que no conoces de nada para repararla o mejorarla. Si allí se manejan altos voltajes y tocas donde no debes, podrías sufrir serios daños. Para poder hacer eso, hay que tener los conocimientos apropiados, además de conocer la máquina en cuestión. E incluso solo con eso tampoco es suficiente, porque si no has trabajado antes con esa máquina, también es posible que cometas errores debido a la inexperiencia, como pasa con todo en la vida. Con la concentración pasa igual. Conviene conocer bien lo que estás manejando, y saber cómo manejarlo, pero también debes entrenarte, y poco a poco podrás ir manejando más energía con mayor seguridad y confianza. Este libro te ayudará en gran medida a entender el qué y el cómo, pero a la práctica tendrás que pasar tú. Y para que ese entrenamiento resulte seguro, es importante que vayas poco a poco. Con diez minutos al día para empezar es más que suficiente. ¡Recuerda en todo momento que te estás entrenando para manejar una energía increíble, con la que podrás hacer magia (bien entendida, de forma sensata y a la vez positiva) en tu vida!

Aún no ha llegado el momento de hablar de la forma concreta de practicar la concentración, pero puesto que lo he mentado, me gustaría aprovechar para hacer una aclaración. Hay cientos, si no miles, de formas de practicar la concentración. Obviamente, en este libro no pretendo —ni tendría sentido— abarcarlas todas. De hecho, esa empresa sería muy compleja y daría lugar a toda una enciclopedia, que no es lo que aquí se persigue. No sería demasiado útil, porque al final se trata de simplificar; es decir, de ir probando lo que mejor te va y encontrar unas pocas prácticas que funcionen bien para ti y con las que sientas conexión.

Si ya has practicado alguna técnica de concentración antes, ¡es genial! Eso no significa que este libro no te vaya a ayudar. ¡Todo lo contrario! Lo que no debes hacer es dejarte arrastrar por el ego. Un probable mecanismo del oponente interior podría consistir en invitarte a pensar: «Este libro no es completo porque no incluye el método X, que es el que yo practico y es el mejor, el verdadero y el único que funciona».

Sin lugar a duda, es una afirmación cargada de tintes de egoísmo, y que refleja poca evolución espiritual, lo que, curiosamente, revela una limitación que se subsana con mayor desarrollo de la concentración. Y esa afirmación revela, de paso, que esa práctica X tan única y verdadera no parece estar dando muchos resultados —si los diera, esa frase no habría sido ni pensada ni pronunciada—. Además, tal afirmación resulta poco útil, puesto que este libro —y cualquier otro que puedas ver sobre este tema y sobre cualquier otro— jamás podrá ser completo, ya que la cantidad de técnicas existentes —insisto— roza lo inalcanzable, y tiene poco sentido y utilidad pretender abarcarlo todo. Por si fuera poco, esa aseveración exhibe intolerancia y falta de humildad, dos cualidades imprescindibles para evolucionar espiritualmente y que requieren precisamente de la concentración para ser desarrolladas...

Si ya practicas algo y no está en este libro, no quiere decir que lo que encuentres aquí no funcione o sea inválido. De hecho, lo que vas a aprender conecta con tradiciones que se pierden en la noche de los tiempos, así que cuestionarse su validez es poco oportuno a estas alturas, además de constituir una pérdida de tiempo y un alejamiento del objetivo que perseguimos.

Vas a encontrar muchas técnicas realmente poderosas que podrás aplicar en tu vida, y te aportarán innumerables beneficios, que experimentarás en tu propia piel, y que son muy útiles incluso para quienes nunca han practicado la concentración. Podrás apreciar que son, realmente, muchas. Este libro es muy generoso en herramientas. ¡Pero no dejes que eso te abrume! ¡No es algo negativo, sino todo lo contrario! ¿Cómo podría ser malo que un libro te ofrezca infinidad de soluciones a los problemas que más suele costar resolver en la vida diaria? Desde luego, si has llegado a pensar en algún momento que existe una solución única, fácil, rápida y cómoda para todos los problemas, ¡es un buen momento para que dejes de autoengañarte! El asunto es más complejo, pero aquí vas a encontrar soluciones, y si tienes paciencia, lo vas a lograr, no tengas dudas. Lo que hoy pueda parecerte complejo, lo verás como «pan comido» mucho antes de lo que puedas imaginar.

No se trata, en absoluto, de aplicarlo todo en poco tiempo, y no hay razón alguna para estresarse. Te recomiendo ir poco a poco, probando las diferentes técnicas. Y como verás más adelante, esta obra culmina con una guía práctica, que te explica cómo abordar las más variadas situaciones de la vida cotidiana gracias a la aplicación de la concentración, haciendo referencia a los capítulos empleados, y dándote instrucciones precisas. Podrás apreciar que este libro es un compañero para la vida, y no una obra de una sola lectura. Por ejemplo, podría ocurrir que estés pasándolo mal porque tienes una exposición oral al día siguiente. En ese caso, podrás acudir a los anexos de este libro, y encontrarás cómo aplicar la práctica de la concentración para prepararte mejor, hacerlo con más calma, etc. Por supuesto, y como es normal, cuanto más hayas practicado lo que se presenta en este libro, más fácil te resultará la aplicación. Es por eso que te recomiendo que consideres a este libro como un buen amigo, consejero y compañero en tu caminar por la vida. Sobre todo, no lo tomes con prisas. ¡Tienes todo el tiempo del mundo! Lo que en verdad importa es que practiques con regularidad, con verdadera voluntad, y que le prestes cada día unos minutos de atención a lo que vas a ir encontrando en este libro. Todo lo demás se obrará por añadidura. Las piezas del puzle irán llegando y encajando en su debido momento, sin estrés, sin agobios, ya lo verás... El hecho de que este libro contenga muchas herramientas no es un problema. ¡Es una solución! ¡Nadie ha dicho que las tengas que usar todas de golpe, ni en un breve período de tiempo! Tampoco tienes que memorizar nada: vuelve al libro cuando lo necesites, es normal.

Quisiera también insistir en un punto muy importante, también relacionado con el ego: nunca caigas en el error de pensar que ya has alcanzado el éxito con la concentración, y no hay nada más que hacer. ¡Si crees eso, es que piensas precisamente desde el ego! Mientras te encuentres en este mundo material, con los pies en el suelo, significa que todavía tienes trabajo por hacer para lograr poner la cabeza en el cielo... Y necesitas la concentración para lograrlo...

Por todo ello, tanto si has practicado antes como si no, tanto si crees tener un nivel de concentración brutal como si crees que estás muy lejos de lograrlo, ¡has llegado hasta aquí, estás en el punto correcto, y este libro es para ti! ¡Sigamos el camino!

Capítulo 2

Los beneficios de practicar la concentración

Imagina poder enfrentar cada día con una claridad mental que te permite no solo cumplir con tus tareas, sino también disfrutarlas plenamente. Imagina por un momento vivir cada día aprovechando bien tu tiempo y terminando lo que te propones hacer, disfrutando más de lo que haces, teniendo muchas buenas ideas, tomando mejores decisiones, poseyendo confianza a la hora de resolver tus problemas, enfrentando las adversidades en conexión con una enorme paz interior, mejorando tus relaciones con los demás, pensando con más claridad... ¡Pues esto es solo un aperitivo de todo lo que puedes lograr si llevas la concentración a tu vida!

La práctica de la concentración no es solo una herramienta para mejorar la memoria o el rendimiento; es la llave que abre la puerta a una vida más plena y satisfactoria. Al aprender a dirigir tu atención de manera eficaz, comenzarás a experimentar una mayor paz interior, y reducirás el estrés y la ansiedad que a menudo nublan nuestras mentes.

En este capítulo descubrirás cómo la concentración puede convertirse en tu aliada más poderosa. Desde mejorar tus relaciones personales al estar verdaderamente presente, hasta aumentar tu creatividad y productividad en el trabajo, los beneficios son innumerables. Prepárate para explorar cómo una mente enfocada puede transformar cada aspecto de tu vida, llevándote a un estado de bienestar y realización que quizá nunca creíste posible. Esta es tu oportunidad de reinventar tu realidad y vivir con propósito y pasión cada día.

Ahora que hemos definido la concentración mental —a la que me referiré en este libro simplemente como concentración—, es momento de dar un paso más hacia su práctica. Si tenemos en cuenta que se requiere de un esfuerzo importante, resulta conveniente contar con elementos de motivación. En esta sección, mediante un recorrido por los beneficios principales que resultan de ejercitar la concentración, me gustaría proporcionarte algunos muy convincentes.

No vamos a cubrirlos todos, pero sí los suficientes para intentar que salgas de este capítulo con un «subidón» de motivación, con la convicción total de que merece la pena el esfuerzo, y con unas ganas enormes de empezar a practicar la concentración cuanto antes. De hecho, como suelo decir en mis conferencias, cada persona vive los beneficios de una mente más concentrada de un modo distinto. Tiene que ser así, ya que cada ser humano es un universo único, y experimenta las cosas de una forma particular, personal e intransferible. Además, cada persona experimenta beneficios diferentes. Por eso es mejor que descubras las ventajas que vamos a abordar —y muchas otras que solo tú comprenderás— a través de tu propia experiencia.

Antes de comenzar el recorrido, es importante recordar que los frutos de la práctica no llegarán de la noche a la mañana. Es necesario practicar con regularidad y tener paciencia, ya que cada persona progresa con un ritmo diferente, y no debemos establecer comparaciones con otros individuos, ya que ellos siguen su propio camino y se encuentran en una etapa diferente y única. Si practicas con confianza y con total desapego de los resultados, te darás cuenta de los beneficios mucho antes de lo que puedas imaginar en un principio. Ahora sí: ¡vamos allá!

Mayor creatividad

Si practicas la concentración con regularidad, poco a poco te darás cuenta de que tu nivel de creatividad va en aumento.

Conviene tener en cuenta que la creatividad no es una nueva condición que debamos desarrollar. En realidad, aunque nos encontramos separados de ella en una medida u otra, ya la tenemos dentro.

La creatividad no reside en el vehículo inferior de expresión de nuestro ser —es decir, la personalidad—, que incluye nuestro cuerpo físico, emocional y mental concreto. Ese vehículo es un mecanismo que, si se encuentra debidamente preparado, está en condiciones de convertirse en un medio de proyección de la creatividad hacia el plano material. La creatividad viene de lo superior, y cuando logramos conectar con ella, entonces podemos manifestarla a través del vehículo de expresión de la personalidad.

La concentración ayuda a cerrar la puerta hacia los planos vibratorios de manifestación propios de ese vehículo inferior y, por lo tanto, nos expone mucho más a las vibraciones de los planos superiores, con las que algunas veces entramos en armonía. En esos casos, conectamos con una fuente de creatividad enorme. A raíz de la práctica regular, poco a poco esas conexiones se van tornando más espontáneas, y cada día aparecen en la vida cotidiana con mayor facilidad. Sin embargo, no debemos olvidar que por mucho que conectes con esa fuente superior e invisible de creatividad, nada llegará a convertirse en una realidad visible en el mundo material si no utilizas tu personalidad como medio para pasar a la acción y traducir esas ideas al mundo de la forma. Cuando hagas uso de la personalidad, el entrenamiento que proporciona la concentración te permitirá hacerlo mucho mejor.

Por supuesto, existen muchas técnicas orientadas a fomentar la creatividad, y si son serias y buenas, desde luego te recomiendo practicarlas. Pero no lograrás extraer todo su potencial a menos que emplees la concentración. Es importante que tengas presente que esas técnicas no están destinadas a introducir creatividad en ti, porque —como ya indicaba más arriba— la creatividad no es nada nuevo que debas desarrollar. Esas técnicas están orientadas a provocar que la creatividad se manifieste desde lo superior, pero, además, persiguen preparar a tu personalidad para expresar mejor ese caudal creativo tomando forma en el plano material. Puesto que la concentración resulta clave para lograr ambas cosas y, por ende, conectar lo superior con lo inferior —como hacía el mago del tarot—, entonces podemos concluir que esas técnicas son muy poderosas. No obstante, lo verdaderamente imprescindible es desarrollar un gran poder de concentración. Si sumas ambas cosas, el resultado será óptimo.

Si me apuras, incluso si no practicas ninguna técnica creativa, solo con practicar regularmente la concentración te darás cuenta de que cada día te costará menos conectar con la creatividad. ¡Y eso no es poco! Volviendo a lo explicado más arriba, cuando te resulte muy fácil tener ideas, sabrás si vienen realmente de los planos superiores o si son falsas ideas fabricadas por el ego. Algo te lo dirá y, aunque no sepas explicarlo, sabrás que lo sabes. Cuando llegues a esa maestría —e incluso mucho antes— no olvides lo que ya te comenté antes: una personalidad mal preparada es como «cortarle la mano inferior» al mago del tarot. Arriba se quedará el potencial maravilloso de obrar cosas geniales por el bien de la humanidad, pero abajo... ¡A saber lo que se manifestará a través de una personalidad mal preparada! Te recomiendo mantener esta idea en mente y esforzarte por expresar las buenas ideas con lo mejor de tus pensamientos —orientándolos hacia la buena voluntad y a los impulsos del alma—, tus sentimientos —evitando las emociones tóxicas— y tu acción.

¡Que la concentración te lleve a conectar con las mejores ideas y te permita convertirte en un instrumento de manifestación bien orientado, para el bien de la humanidad y su evolución en el sendero de retorno a la unidad!

Lograr una mente clara

Una ventaja muy importante de la práctica de la concentración radica en que se alcanza una mente más enfocada. Se trata de una mente capaz de pensar con mayor claridad, capaz de ver las diferentes piezas del problema de forma nítida, capaz de utilizar el poder del intelecto con mayor eficacia para resolver todo tipo de situaciones.

A modo de analogía, imagina un cubo de agua en el que viertes arena, y luego remueves la mezcla. Se formará un líquido turbio, en el que difícilmente podrás ver el fondo. Sin embargo, si dejas que esa mezcla repose, la arena se irá posando en el fondo del recipiente, y al final quedará un agua clara, limpia, nítida, cristalina, que permite ver la base con claridad.

En la vida cotidiana, la mayor parte del tiempo nuestra mente se parece al agua turbia. Está llena de impurezas mentales que distraen la atención constantemente, y no nos dejan ver con claridad. Cuando la mente se concentra, es como si todas las impurezas fueran a parar al fondo del recipiente mental, y queda una mente cristalina que puede pensar con claridad.

Dicho de otro modo, si practicas la concentración con regularidad, cada día vas a pensar un poco más claro y resolverás antes y mejor tus problemas. ¡Vale la pena!

Gestionar mejor el tiempo y la energía

La gestión del tiempo y de la energía son interdependientes, y van cogidas de la mano. Basándonos en lo ya expuesto, la concentración permite reunir y dirigir la energía conscientemente; es decir, permite gestionar mejor la energía, y al hacerlo, necesariamente se gestiona mejor el tiempo.

De forma análoga a la creatividad, también hay muchas y muy buenas técnicas para gestionar mejor el tiempo. Pero —como he explicado en profundidad en algunas de mis obras—[1, 2] no te servirán de mucho si no desarrollas tu concentración, ya

1. Félix Torán, *El tiempo en tus manos*, Luciérnaga, Barcelona, 2012.
2. Félix Torán, *¿Quién soy?*, Luciérnaga, Barcelona, 2018.

que solo conseguirás resultados si diriges conscientemente tu energía. Incluso si no practicas ninguna técnica de gestión del tiempo, si ejercitas la concentración con regularidad, cada día apreciarás infinidad de nuevas mejoras en ese campo.

Realmente, la importancia de la concentración para gestionar el tiempo no debería sorprendernos. Al entrenar dicha capacidad, te preparas para poner tu atención en una cosa durante largos períodos. Con la práctica, vas haciendo eso tuyo, y se va integrando en tu vida de una forma muy natural, hasta aplicarlo inconscientemente en el día a día. En consecuencia, pasas cada vez más tiempo con la mente puesta en lo que estás haciendo: «Estás en lo que estás», como se suele decir. Dejas de tener la mente dando saltos entre decenas de «ventanas abiertas» —si me permites esa analogía informática—, repartiendo tu energía entre todas ellas de forma poco organizada, y muchas de ellas son de poca importancia real. En su lugar, aprendes a abrir muchas menos ventanas, te quedas con las que son realmente más importantes, y cuando estás en una de ellas, te mantienes allí, dándole toda tu energía. De esta forma, entregas la mayor parte de tu energía a las cosas importantes, y divagas mucho menos, con lo que necesariamente vas a mejorar mucho en tu gestión del tiempo. Si la mayor parte de tu energía está puesta en lo importante para ti, entonces estás llevando tu vida en la dirección correcta.

No voy a entrar en grandes detalles sobre cómo determinar qué es lo importante. Simplemente, quiero decirte que necesitarás una misión y una visión bien claras para tener el criterio que te permitirá saberlo.

En definitiva, mi consejo es que practiques buenas técnicas de gestión del tiempo, pero, sobre todo, no olvides trabajar la concentración. Poco a poco las cosas irán cambiando, y más pronto que tarde, te darás cuenta de que haces más, mejor, en menos tiempo, cansándote menos y disfrutando más. ¡No es poca cosa!

Ganar paz interior ante las adversidades de la vida

Nuestra esencia superior es perfecta, eterna, imperecedera, incorruptible, etc. Sin embargo, vivimos en contacto con el plano material, que es imperfecto, temporal, perecedero, corruptible, etc. En nuestro sendero evolutivo, el alma se encuentra a medio camino entre esos dos mundos que debe lograr conciliar; y una vez más, la imagen del mago como mediador entre lo superior y lo inferior te dará todas las claves.

El hecho de que estemos con los pies en el suelo —es decir, en contacto con la imperfección de la materia— significa que, antes o después, nos las tendremos que ver con situaciones adversas. No lo tomes como una amenaza, sino como una escuela de la vida que tiene sus pruebas, que están ahí para retarte en tu proceso evolutivo. Por otro lado, el hecho de que también guardemos contacto con lo superior y perfecto significa que, si nos lo proponemos, podemos conectar con ese reino de paz infinita. Y que seamos mediadores entre esos dos mundos quiere decir que sin necesidad de perder la conexión con el reino de paz infinita que reside en nosotros, podemos transitar nuestro sendero en contacto con la materia y con las adversidades que aparecerán en la vida cotidiana.

Y recordarás que el mago lograba conciliar esos dos mundos como mediador gracias a la concentración —recuerda su cara concentrada—. En resumen, la practica espiritual no va a evitar que te encuentres con situaciones adversas. Pero si practicas la concentración, podrás enfrentarte a esas situaciones sin perder la conexión con la paz interior. Eso no cambia que existan situaciones difíciles, pero cambia totalmente tu actitud ante ellas, ¡y eso cambia tus acciones (y palabras)! Por ende, cambia el resultado.

Conforme vayas ganando práctica con la concentración, te darás cuenta de que conectas cada vez más y con mayor facilidad con una enorme paz interior. Poco a poco irás proyectando esa calma hacia todos los aspectos de tu vida, cada vez con mayor naturalidad. Cuando te enfrentes a situaciones complicadas, además de la paz interior, aprovecharás otros tantos recursos para sortearlas con mayor fortaleza. Pensarás más claro, tendrás mejores ideas, planificarás mejor un plan de acción, gestionarás tu energía de forma más eficaz, etcétera.

La concentración también te ayudará a darte cuenta de que, en realidad, los problemas son oportunidades. Solemos llamar problema a una situación que no queremos reconocer como lo que es. Se trata de un hecho, que no es ni malo ni bueno; sencillamente es. Pero le damos un tinte negativo y le ponemos la etiqueta de problema. Al hacerlo, ignoramos que en verdad ese hecho no está ahí por casualidad, porque nada es casual en el universo; todo es causal. Todo está ahí por alguna razón. Y esas cosas que llamamos problemas son pruebas o retos que no tienen el propósito de castigarnos, sino que nos invitan a tomar consciencia de algo que debemos mejorar, cambiar, hacer, dejar de hacer, etc. Si reconocemos esas pruebas como lo que son en realidad, tendremos la oportunidad de enderezar nuestro camino en la dirección correcta. En definitiva, las adversidades ofrecen la oportunidad de compensar la deuda kármica del individuo, contribuyendo así a la compensación de la deuda de destino de la humanidad entera.

Cada vez que una persona se da cuenta de que un problema esconde una oportunidad, nos demos cuenta o no, ¡es un motivo de felicidad para toda la humanidad! Tiene que ser así, porque esa persona se ha dado cuenta de algo que le va a permitir transformarse positivamente, llevando la evolución de su consciencia en el sentido correcto. Va a poder darse cuenta de cómo compensar su deuda de destino pendiente... Y así está ayudando a la humanidad a perfeccionarse en su conjunto, liberándose de su karma grupal y, por lo tanto, evolucionando en el sendero de regreso a la unidad.

Así que ¡bravo por quien se da cuenta de que un problema es una oportunidad! Y bravo también por quien practica la concentración, porque cada vez le resultará más fácil darse cuenta y, por consiguiente, cada vez contribuirá más al bien de la humanidad. Y como estás leyendo este libro, significa que estás en esa «onda», así que ¡bravo por ti!

Mejorar las relaciones interpersonales

¿Y si te digo que al practicar la concentración irás mejorando —y mucho— las relaciones que te vinculan a otras personas? ¡Es posible que en primera instancia te cueste creerlo! Pero realmente funciona, y con todo lo expuesto en las páginas precedentes, tenemos suficientes elementos para justificarlo y comprenderlo mejor.

Cuando trabajas con la concentración, estás realizando un trabajo interior. Te preparas para después hacer las cosas mucho mejor ahí fuera, en el escenario de la vida. Pero el entrenamiento para lograrlo lo realizas dentro de ti. Esa actividad interior produce cambios en niveles vibratorios muy sutiles, que están más allá del plano meramente material. Produces una transformación interior en esos estratos y, por lo tanto, cambias sutilmente en tu interior. Y como dice parte del principio hermético de correspondencia, «como es dentro, es fuera». Tu universo interior se refleja en tu vida exterior, y viceversa; hay una analogía o correspondencia mutua. Efectivamente, por muy etéreos que resulten, los cambios que realizas en tu interior se van a transformar en cambios en todo tipo de facetas de tu vida diaria, incluyendo tus relaciones interpersonales.

Vas a cambiar poco a poco, aunque no te des cuenta. Tu forma de hablar se transformará. Tu forma de actuar también. Se irán transformando tus palabras, la forma de decirlas, tus gestos y un largo etcétera de pequeños matices. Incluso también va a cambiar esa energía invisible que irradias hacia los demás y que ellos captan conscientemente o no. En consecuencia, como no puede ser de otro modo, tu relación con los demás también cambiará. Te estás regenerando por dentro. Y esa transmutación interior se reflejará ahí fuera —poco a poco—, en tu vida cotidiana, como una regeneración de tus relaciones con los demás, de forma que lo que está fuera se corresponda con lo que está cambiando dentro de ti. Algunas personas se irán, otras llegarán, ciertas relaciones se transformarán...

Si quieres ir más rápido, no te conformes con practicar la concentración. Además, pon de tu parte en hablar y actuar cada día de forma que puedas crear mejores relaciones con los demás. Te recomiendo en especial que hagas un uso sabio de la palabra, lo que implica no olvidar el poder del silencio. La palabra tiene un poder inmenso. Si la empleamos correctamente, tiene el potencial de crear y construir; mal empleada, tiene un enorme poder destructor. Por tal razón, te recomiendo que desarrolles el buen hábito de pararte a pensar unos instantes antes de abrir la boca, y que te preguntes si lo que vas a decir une o separa, construye o destruye. Si separa, es mejor no hablar.

No veas al silencio como algo que rompe un constante «chorro» de palabras. Más bien, busca lo contrario: piensa que las palabras rompen el silencio. Aunque no siempre, el conocimiento puede encontrarse en las palabras. Sin embargo, la sabiduría no se encuentra en las palabras, sino en el silencio. Por ello si pronuncias una palabra —y, por lo tanto, estás rompiendo el silencio—, asegúrate de que sea para construir y no para destruir. Que sirva para unir y, por consiguiente, para avanzar en el sendero de retorno a la unidad, desde lo múltiple hasta lo uno. Que tus palabras sean un vehículo para el amor universal. De esta forma, entre otras cosas, estarás construyendo más y mejores relaciones con los demás. Practicar la concentración será un ingrediente estrella en todo esto, y resultará una especie de catalizador. Te ayudará a conectar todavía más con el silencio, que aquí viene «de perlas». Además, sumará esos cambios sutiles en tu interior que se reflejarán en tu comportamiento, incluyendo la forma en que empleas la palabra.

Practicar la concentración, así como esforzarse por usar sabiamente la palabra y el silencio son dos aspectos complementarios. Uno trabaja de dentro hacia fuera, y el otro en sentido inverso, y todo suma.

Ya que he tocado el importante tema del silencio, no quisiera dejar de citar algunas frases de sabiduría atribuidas a Pitágoras:

> No sabe hablar quien no sabe callar.
> El silencio es la primera piedra del templo de la sabiduría.
> Cállate o di algo mejor que el silencio.
> El que habla siembra, el que escucha recoge.
> Más vale tener la boca cerrada y parecer tontos que abrirla y despejar todas las dudas.
> No digas pocas cosas en muchas palabras, sino muchas cosas en pocas palabras.

Te invito a meditar profundamente en el inmenso reino de sabiduría que contienen estas sencillas frases.

La concentración parece saludable

Tal como explico en mis conferencias, no soy médico, ni jamás he dicho serlo. Tampoco doy consejos sobre salud, ni jamás he dicho darlos. Sin embargo, soy un hombre de ciencia, y después de más de veinticinco años de experiencia en diversos campos, de un doctorado europeo y de una intensa actividad investigadora a escala internacional, obviamente, cuando veo una publicación científica que merece la pena sé reconocerla, incluso si no pertenece a ninguna de las disciplinas en las que soy experto.

En ese sentido, he encontrado numerosos *papers* que me han parecido serios y rigurosos en los que diferentes investigadores revelan beneficios muy positivos de la práctica de la meditación —y eso incluye la concentración— en la salud. No emito juicios (ni falta que hace) sobre lo acertada que pueda ser la metodología seguida, ni los puntos cuestionables que puedan tener esos trabajos —mi experiencia es que toda investigación científica que merezca ese nombre tiene siempre puntos cuestionables—. Sencillamente, me quedo con lo positivo del mensaje, porque algunos de esos trabajos apuntan a mejoras en la presión arterial, mejor interconexión entre hemisferios cerebrales, ayuda para dejar de fumar, reducción del estrés, etcétera.

No voy a darte una lista de publicaciones como referencia para justificar lo que estoy diciendo, porque este no es un trabajo científico, sino un libro de espiritualidad y crecimiento personal. Pero si quieres encontrar esas referencias, puedes hacerlo con relativa facilidad. Por ejemplo, si buscas en bases de datos como ResarchGate, encontrarás muchas publicaciones. Hay una que me llamó la atención, puesto que realiza una investigación sobre las publicaciones existentes en materia de meditación, salud e investigaciones científicas, y analiza los beneficios de la meditación como un complemento en el área de las ciencias de la salud.[3]

Lo anterior es muy prometedor, y pone de manifiesto los beneficios de la práctica interior (entre la que podemos ubicar la concentración). Pero también es conveniente alertar sobre algunas precauciones para tener en cuenta. Si haces búsquedas por tu cuenta, te recomiendo cautela y rigor a la hora de elegir e interpretar lo que lees. Asegúrate de que estás utilizando una publicación seria, revisada por pares y que aparezca en una publicación reconocida por la comunidad científica. A la hora de interpretar las conclusiones, aplica la máxima objetividad y no añadas elementos de tu propia cosecha, ni cosas que te gustaría ver en las

3. Cynthia Sampaio *et al.*, «Meditation, Health and Scientific Investigations: Review of the Literature», *Journal of Religion and Health*, 56(2), abril de 2017.

conclusiones, pero que no aparecen. Y si no cuentas con la capacitación y la autoridad debida para interpretar lo que estás leyendo, no extraigas conclusiones gratuitamente, y acepta con la mayor humildad que puedes estar cometiendo un error. Tampoco eleves ninguna conclusión a la categoría de ley universal que no tiene punto de discusión. Insisto, si hay algo que crees que tiene que ser de determinada forma, y algo dentro de ti te lo dice desde lo más profundo, es posible que así sea, pero no te dejes llevar por la tentación de emplear una publicación científica e interpretarla a tu manera para lograr otorgar validez a lo que piensas, ni te guíes por las típicas frases que —lamentablemente— circulan por ahí y que dicen que la ciencia ha demostrado todo tipo de cosas (incluso algunas que se contradicen entre sí). Ese tipo de procedimiento tiene muy poco de científico. Mi consejo es que salvo que tengas la debida capacitación, autoridad y experiencia debida y oficialmente reconocidas para interpretar los resultados de esas publicaciones en esos campos, sencillamente tómalas como una fuente de información que ofrece resultados prometedores acerca de la meditación y sus beneficios. También te aconsejo cautela con las publicaciones no científicas que hablan sobre resultados científicos. Te dan una aproximación que permite acercarte a la investigación realizada y comprender los resultados, pero recuerda que esas publicaciones —por buenas que sean— no reemplazan al *paper* original.

¡En todos los terrenos hay *haters* y siempre han existido, no solo en las redes sociales! Por eso también puede que te encuentres con alguna publicación que exhiba argumentos negativos respecto a la meditación. En esos casos, te recomiendo aplicar la misma prudencia, o incluso más. Comparto contigo mi opinión: respeto esos artículos, pero debo decirte que los que me he encontrado hasta el momento han sido pocos, no me han resultado demasiado convincentes y la argumentación expuesta me ha parecido un tanto dudosa. Por cada artículo de ese tipo, he podido hallar decenas —por no decir cientos— de publicaciones que llegan a conclusiones opuestas. Para este servidor, la conclusión está clara, pero por supuesto dejo que tú extraigas la tuya, que es igual de respetable, sea cual sea. Mi única recomendación es prudencia y sentido común a la hora de interpretar resultados, y, por supuesto, no llevar ninguno de ellos a la práctica sin consultarlo primero con un profesional debidamente cualificado y seguir su consejo —de otro modo no estaríamos aplicando el sentido común—. En ese comportamiento razonable y prudente, echar un vistazo a publicaciones de ese tipo para llevarse una impresión sobre los beneficios que aporta la meditación es un ejercicio interesante y puede resultar motivador.

Tomar decisiones con mayor confianza y claridad

Nos enfrentamos cada día a decisiones, unas más complicadas que otras. Y debemos reconocer que en ocasiones nos encontramos con dilemas muy difíciles de resolver. En ese sentido, la concentración también puede ayudarnos —y mucho—. No es un remedio mágico que vaya a darte la solución a cualquier problema de forma mágica y sin esfuerzo de tu parte. Tendrás que tomar la decisión, y tendrás que enfrentarte al asunto igualmente. Sin embargo, te resultará menos difícil, porque contarás con unas condiciones interiores más adecuadas para enfrentar el asunto.

Dicho con otras palabras, si practicas la concentración de manera regular, cada vez te costará menos elegir entre los diferentes caminos que se presentan ante ti como opciones. Pensarás con mayor claridad, y eso es una ventaja enorme para usar tu razonamiento con mayor acierto. También te costará menos encontrar alternativas que *a priori* no habías identificado, puesto que tu creatividad aumentará, como ya sabes. Del mismo modo escucharás con mayor facilidad esa «voz» interior que te guía desde dentro. Tendrás una mayor conexión con la intuición. En definitiva, contarás con más recursos para poder usar tu razón —pero también tu corazón— a la hora de determinar qué caminos conviene seguir, e incluso detectar cuáles no te interesan. Eso es de gran ayuda, no hay duda.

Lo anterior no se traduce en que la concentración vaya a eliminar de tu vida los dilemas, decisiones importantes, etc. Seguirán estando ahí, pero tendrás mayor capacidad para resolverlos de forma mucho más airosa.

Conectar con la intuición

Lo que comentaba antes sobre la creatividad se aplica también a la intuición. Cuando tenemos momentos intuitivos, conectamos, por un tiempo muy breve, con una sabiduría infinita que está más allá de lo que nuestra razón podría llegar a obtener —de hecho, a veces ni siquiera somos capaces de explicar el significado—. Es más, es la razón la que se encarga de romper con rapidez con esa conexión con la mente superior. Como somos tan racionales, el intelecto no tarda nada en aparecer y, por ende, los momentos de intuición son muy breves. Además, en un gran número de personas suelen ser poco frecuentes.

Debemos volver a una explicación análoga a la ya aportada sobre la creatividad: la intuición no es algo nuevo que debamos crear. La tenemos dentro a nuestra disposición, en todo momento, pero no conectamos demasiado con ella. Esto sucede porque la intuición procede de lo superior y nosotros estamos demasiado aferrados a la personalidad. De ahí que pasemos mucho tiempo pensando, sintiendo y actuando. Además, nos identificamos con las ideas, emociones, sensaciones, etc. Esto nos mantiene vinculados al mundo «de abajo» —al que nos ata a la personalidad— y separados de los planos superiores, de donde procede la intuición, que nos enlaza con la mente superior. En esos frecuentes momentos, no estamos en condiciones de conectar con lo superior, así que no tendremos ninguna revelación intuitiva. En los raros momentos en que no se produce esa identificación, es cuando aparecen las condiciones idóneas para que entre en juego la intuición.

La concentración nos entrena para lograr esas condiciones. Cuando nuestra mente está concentrada, el ego no puede lograr que nos identifiquemos con nada concreto bajo su control y, por lo tanto, tu vínculo con la materia se rompe. Quedamos entonces expuestos a lo que procede de los planos superiores, siendo más probable que aparezca una conexión intuitiva con dichos estratos.

Con la práctica, poco a poco, en la vida cotidiana esos momentos van sucediendo con mayor frecuencia. Y si la práctica es en verdad regular, la tendencia es a que su duración se vaya incrementando de forma paulatina, transformando los momentos intuitivos en auténticos períodos de inspiración.

En definitiva, la concentración bien practicada te irá convirtiendo en un individuo con mayor capacidad intuitiva. Además, como ya hemos visto, te permitirá utilizar tu intelecto con mayor eficiencia y eficacia. La suma de ambas cosas te llevará en la dirección de la sabiduría, ya que tus conclusiones no serán únicamente lógicas, sino que estarán iluminadas por la luz superior. Esa es la base de la meditación bien entendida: tomas un tema, lo escudriñas con la razón, y lo iluminas con la intuición, alcanzando un nivel de sabiduría sobre ese tema que tu inteligencia no habría podido alcanzar jamás por sí sola. Vale la pena, ¿verdad?

Mejorar la memoria

¿Y si te digo que la concentración te ayudará a tener mejor memoria? ¡Ten por seguro que no te engaño! Por supuesto, la memoria hay que entrenarla, y existen numerosas técnicas y herramientas. Incluso puedes encontrar aplicaciones para móviles que te pueden ayudar —como Peak—. Por supuesto, esas prácticas son más que recomendables; te diría más: resultan imprescindibles si deseas mejorar tu capacidad de memoria.

Sin embargo, no podrás lograr demasiado si no desarrollas una gran concentración mental. No es extraño, puesto que la memoria requiere del control de la energía mental, tanto para retener información como para recuperarla. Puesto que la concentración permite potenciar y dirigir la energía mental, el resultado es que multiplicará notablemente el resultado que puedas obtener de dichas prácticas. Te lo digo en sentido inverso: con una mente dispersa, practiques las técnicas que practiques, nunca lograrás una memoria muy eficiente.

En conclusión, el mejor consejo que puedo darte para potenciar tu memoria es que practiques con regularidad buenas técnicas de memoria y que no dejes de trabajar la concentración mental. ¡Es un cóctel de éxito!

La visualización creativa elevada a la máxima potencia

Cuando hablamos de la ley de la atracción para hacer realidad nuestros sueños, el punto de partida es la visualización creativa. Como ya sugerí más atrás, no es lo mismo imaginar que visualizar. Detengámonos un instante en ese punto.

La imaginación es una cualidad que todos traemos «de serie». ¡Sin ella no podríamos tener una vida humana normal! De hecho, sin tal facultad, el concepto de tiempo lineal —imprescindible para la vida cotidiana en contacto con el plano material— dejaría de tener sentido, ya que precisa de la imaginación para proyectar el pasado (proporcionado por la memoria) y el instante presente, hacia el futuro. Imaginar consiste en formar imágenes mentales. Se trata de algo que podemos hacer todos. Puede que tengas mayor o menor facilidad para construir una imagen mental, y quizá el resultado sea más o menos nítido, pero si te digo que pienses en un perro, seguro que puedes hacerlo, y eso demuestra que tienes imaginación. ¡Atención! No he pedido que sostengas la imagen en tu mente, sino solo que la imagines, aunque sea por un instante.

Las imágenes mentales pueden ser generadas por el subconsciente; es decir, de forma no voluntaria. Tiene que ser así, puesto que la imaginación es una facultad de la consciencia subjetiva que tiene su base en el subconsciente. Se reconocen varios tipos de imaginación, pero aquí nos interesa la que muchos llaman *imaginación creadora*, entre otros nombres, y que aquí llamaremos *visualización creativa*. Ahí no hablamos de imágenes que aparecen de manera espontánea en la pantalla de nuestra consciencia, sino de crear voluntariamente imágenes mentales hechas a medida y de ser capaces de sostenerlas en la mente.

Para ello no basta con la facultad de la imaginación *per se*. Primero, es necesaria la intención y la voluntad de crear una imagen mental determinada en la mente. ¡Y ahí no acaba todo! Además, hay que sostener esa imagen en la mente durante cierto tiempo. Para lograrlo debemos añadir la concentración, que es el poder que transforma la imaginación en visualización creativa. En resumen:

- Utilizamos conscientemente la imaginación para construir con la mayor claridad posible una imagen mental de aquello que deseamos hacer realidad.
- Después, la sostenemos en nuestra mente todo el tiempo posible.

Aquí surgiría la cuestión de cuánto tiempo es preciso mantener en la mente la imagen mental. En realidad, no existe una escala para medir eso, y depende de cada persona y caso. Una persona con una gran capacidad de concentración obtiene resultados muy poderosos en pocos segundos, y puede extenderlos durante más segundos o minutos si lo desea.

El objetivo es que esa imagen se imprima en la subconsciencia universal, para comenzar el proceso de manifestación, y no hay una observación objetiva que nos permita determinar cuándo se ha logrado. Sin embargo, de alguna forma, vamos a saberlo, vamos a sentirlo. Es una especie de nuevo sentido que va desarrollándose. Pero, claro está: cuando empezamos necesitamos alguna referencia que nos sirva como ayuda, y es algo más que comprensible. En consecuencia, te diría que es suficiente mantener la imagen en tu mente durante treinta segundos o algo más, y es señal de que estás progresando de manera correcta. En cualquier caso, para asegurarte de hacer las cosas bien, déjalo estar durante el resto del día, y repite la visualización al día siguiente. Sigue así varios días para reforzar esa imagen mental que, por supuesto, deberás visualizar cada día de la misma manera. En efecto, de poco sirve visualizar algo hoy y repetir al día siguiente con otra versión de tu imagen que puede llegar a ser contradictoria.

Si no logras retener la imagen en tu mente más que unos pocos segundos, no te desanimes, es la situación más común. Ahí tienes una señal de que tu concentración todavía no es suficientemente fuerte; además, ya conoces la solución: practicar la concentración.

Como ya te anticipaba, cuando creas una imagen de forma muy clara y la sostienes en la mente durante un tiempo suficiente, la imprimes en la subconsciencia universal y el proceso de manifestación comienza a moverse. Ahí el mago —que simboliza la concentración mental— ha dirigido la forma mental hacia el jardín (que simboliza el suelo fértil de la subconsciencia), como empezamos a ver unos apartados más atrás.

Es obvio que, por varias razones, la concentración desempeña un papel esencial en todo este proceso. En primer lugar, para poder crear una imagen lo más nítida posible, lo último que necesitas son distracciones. La concentración te ayudará a tener una mente menos distraída, por lo que tendrás cada vez más facilidades para crear una imagen lo más clara posible —recordemos que una de las ventajas de la concentración es la claridad mental que se alcanza—. Además, la concentración te permite potenciar y entregar la energía a esa imagen. Y no olvidemos que la concentración permite mantener la atención en una sola cosa durante largos períodos, que es justamente lo que deseamos lograr aquí con la imagen mental. ¡Vamos, que lo tiene todo!

Bromas aparte, es obvio que cuanto más practiques la concentración, mejor vas a visualizar. Si te interesa la ley de la atracción y no quieres quedarte en la teoría, la fe ciega o en soñar despierto, desde luego te interesa practicar la concentración. ¡Junto con la imaginación, es crucial para hacer tus sueños realidad!

Por cierto, el tercer arcano del tarot, la emperatriz, simboliza la imaginación. Hay un universo de sabiduría en esa representación gráfica, como también existe en el mago. Puesto que aquí estamos hablando de esas dos facultades juntas —concentración e imaginación—, te recomiendo que las pongas juntas ante ti, y que las mires unos minutos. Después, intenta comprender qué te están diciendo. Y después, permanece unos minutos en estado receptivo, con la mente abierta a las impresiones que puedan llegar. Es un ejercicio más que oportuno y un auténtico multiplicador del potencial que puedes sacar de este libro. De hecho, si haces el ejercicio, es muy probable que durante la lectura de los próximos capítulos venga a tu mente un fluir de ideas y revelaciones que te recordarán algún aspecto de esos arcanos. ¡Ya lo verás!

En esta sección te he presentado en parte conceptos sobre la manifestación de tus deseos empleando la ley de la atracción gracias al poder de la visualización creativa. Sin embargo, tan solo son algunas pinceladas, puesto que habría mucho más que decir del tema. Si deseas una explicación muy completa y práctica, te invito a leer el libro *La respuesta del universo hoy*.[4] Ante todo, el mensaje que deseo transmitir aquí es que para lograr

4. Félix Torán, *La respuesta del universo hoy*, Ediciones Carena, Barcelona, 2024.

buenos resultados, la concentración es una pieza absolutamente crucial.

Escuchar al maestro interior

Con todos los beneficios abordados en las secciones precedentes, queda claro que una mente concentrada aleja las distracciones y, por lo tanto, da paso al silencio interior. De ahí brota la sabiduría infinita, como decía la madre Teresa de Calcuta: «Es en el silencio del corazón donde Dios habla».

Todos tenemos un reino de sabiduría infinita en nuestro interior, en el que se encuentran las soluciones a todos los problemas. Se le ha llamado de muchas formas: el maestro interior, el guía interior, la voz del silencio, la voz del corazón, la voz de la conciencia, etc. No importa el nombre que le atribuyas, pero ahí dentro tienes la ayuda necesaria para guiarte. Sin embargo, no le hacemos demasiado caso... ¿Por qué?

Dentro de nosotros hay una enorme cantidad de pequeñas voces que tienen muy poca orientación espiritual. Aunque sean pequeñas, esas voces empujan en dirección al apego al plano material; es decir, al mundo de la separación cuando lo que buscamos es dirigirnos a los planos superiores de regreso a la unidad. Aunque sean pequeñas, esas voces son muchas, así que suman una fuerza considerable. Pueden llevarte con rapidez a aferrarte a la materia, pero no te ayudarán en nada en tu desarrollo espiritual.

Esas numerosas voces gritan todas a la vez, sin armonía alguna entre ellas, sin cesar, con intensidad, montando un «follón» enorme. ¡No es raro que, con ese escenario en el interior de tantos seres humanos, el mundo esté como está! No obstante, detrás de todas esas voces, hay una voz única, una Voz con V mayúscula. Se trata de la Voz del maestro interior, que trata de guiarte por el buen camino. Aunque solo sea una, su fuerza espiritual es enorme. Por desgracia, ni siquiera te das cuenta de que esa gran Voz está ahí, puesto que el «follón» que crean las pequeñas voces no te deja escucharla.

Esas pequeñas voces esconden detrás al ego, por supuesto. Como ya sabes, este necesita de una mente que no pare de dar saltos. Esas pequeñas voces son escuchadas porque nuestra mente se encuentra agitada la mayor parte del tiempo. Cuando está concentrada, como ya sabes, el ego se asfixia, la mente ya no puede agitarse, y esas voces no pueden ser escuchadas. Se crea un mayor silencio, y eso permite que la Voz del maestro interior pueda ser escuchada cada vez con mayor facilidad. Cuando logras un gran silencio, estás en condiciones de recibir la instrucción del maestro que llevas dentro, que te conducirá siempre por el camino correcto, de regreso a la unidad. A partir del momento en que hayas vivido eso, jamás podrás sentirte en soledad. Sabrás que la ayuda exterior es útil y no necesariamente debe rechazarse (al menos, cuando es buena). Pero nunca cometerás el error de dejar de lado la ayuda más poderosa que existe, que viene de tu interior.

Este tema da para muchas explicaciones, de hecho, he escrito dos libros[5, 6] al respecto que estoy seguro que te inspirarán mucho. En ellos la concentración conforma un elemento clave, por lo que el libro que ahora lees constituye un complemento ideal a su lectura, y viceversa.

¡Que el maestro interior guíe todos tus pasos! ¡Que la luz infinita de los planos superiores te ilumine siempre! ¡Que nunca dejes de practicar la concentración para que lo anterior te resulte cada día más accesible!

5. Félix Torán, *El Maestro interior*, Luciérnaga, Barcelona, 2021.
6. Félix Torán, *Eres luz*, Luciérnaga, Barcelona, 2023.

Capítulo 3

Cómo practicar la concentración

Después de sumergirnos en un capítulo completo analizando las ventajas de la concentración, seguro que sientes cierta impaciencia por comenzar a practicar. ¡Y no te pasa solo a ti! Estoy tan emocionado como tú de embarcarnos en este viaje juntos. Sin embargo, antes de lanzarnos de lleno a la práctica, es crucial que establezcamos una base sólida. La clave del éxito en cualquier disciplina es entender completamente lo que estamos a punto de emprender, y la concentración no es la excepción.

Este capítulo está diseñado para guiarte a través de los fundamentos que sustentan la práctica efectiva de la concentración. Como te decía, es normal que sientas cierta ansiedad por empezar de inmediato a ejercitar tu mente, pero te prometo que será invaluable tomarte el tiempo para comprender cada paso y las cualidades que necesitarás entrenar. La paciencia que muestras ahora te recompensará con creces más adelante. Así que acompáñame en este primer paso esencial; juntos desentrañaremos los secretos de una práctica que transformará tu vida de maneras que aún no puedes imaginar. Te agradezco esa paciencia y te aseguro que no te arrepentirás, y más tarde entenderás que hiciste lo más correcto. Vamos a empezar por entender los pasos que se esconden tras la práctica, y las cualidades que vas a tener que entrenar.

Los pasos de la concentración

La cantidad de formas de practicar la concentración es enorme. Pienso que haría falta una especie de enciclopedia para tratar de listarlas todas, pero, por otra parte, creo que en realidad ese esfuerzo no sería útil. Vale la pena empezar por entender los fundamentos de la práctica, y conocer algunas técnicas que dan muy buenos resultados y que conectan con tradiciones muy antiguas. Después, sobre esas bases, y con lo que aprenderás en este libro, vas a tener fundamentos suficientes para explorar otras muchas prácticas, e incluso construir la tuya propia, ¿por qué no? Al final, de lo que se trata es de encontrar dos o tres prácticas que te den buenos resultados y con las que te sientas bien, y trabajar de forma regular sobre ellas. Sobre todo, no olvides la palabra clave: regularidad.

Es importante comprender que no todo el mundo se siente cómodo con todas las técnicas, por lo que no es recomendable obsesionarse con hacer que alguna técnica concreta funcione con nosotros. Tampoco hay que cerrar la puerta de partida a una técnica sin darle una oportunidad primero. Se trata de ir probando, haciendo el esfuerzo durante un tiempo suficiente para sacar conclusiones, y si vemos que no hay forma de «entendernos» con una práctica concreta, es mejor dar la oportunidad a otras y seguir investigando.

Lo que sí se cumple con todas las técnicas de concentración del mundo es que están sostenidas sobre pilares comunes que, si lo deseas, puedes entender como pasos de la práctica:

1. **Relaja el cuerpo.** Es importante evitar que el cuerpo se convierta en una fuente constante de distracciones, ya que eso va contra el objetivo de la práctica. Conviene realizar alguna práctica que nos permita alcanzar un cuerpo relajado. Por lo general, funcionan muy bien unas respiraciones lentas y profundas, pero eso no será así siempre. Si has tenido un día tenso, te has enfrentado con alguien, o por cualquier otra razón te encuentras con un cuerpo tenso, entonces es muy recomendable que antes de ejercitar la concentración realices alguna práctica de relajación corporal. Si no logras deshacerte de la

tensión, incluso puede resultar acertado dejarlo por ese día y retomar la práctica durante la jornada siguiente. Afortunadamente, existen muchísimas técnicas de relajación corporal, como, por ejemplo, ir enfocando tu atención en diferentes grupos musculares o zonas del cuerpo, hasta recorrerlo por completo, o tensar zonas durante unos segundos y relajarlas después. Te dejo la tarea de investigar y encontrar la técnica que mejor vaya contigo. Cuando se alcanza cierto dominio de la concentración, es posible incluir prácticas de atención plena o *mindfulness*, que aprovechan la propia tensión corporal como elemento de observación, nos lleva a abandonar la identificación con tales tensiones y nos conduce a ponernos en el lugar del verdadero observador que las experimenta. Cuando eso se logra, el resultado es increíble, cambia la relación que guardas con las sensaciones incómodas en tu cuerpo y ganas el dominio de ellas. Pero eso no llega sin mucha práctica y, desde luego, no se puede lograr un gran progreso si no se ha alcanzado primero un buen nivel de entrenamiento con la concentración mental. ¡Parece que todo nos lleva siempre a la concentración!

2. **Elige un objeto de concentración.** Será el centro de la práctica, y las posibilidades son muchas: un sonido (exterior o creado mentalmente), un mantra, un sonido vocal, una imagen mental, un símbolo, un objeto exterior, una afirmación, una palabra de gran poder espiritual para ti, una pequeña oración, tu respiración, una parte de tu cuerpo, un aroma, una sensación física, etc. Las posibilidades son inmensas, y te invito a explorarlas. Merece la pena hacerlo, pero quiero compartir contigo un consejo: te recomiendo no cambiar con frecuencia de objeto, ya que eso favorece la dispersión, que es precisamente lo que queremos evitar. Es mejor que tomes un único objeto, y le des una oportunidad durante dos o tres semanas. Después, si lo consideras oportuno, puedes cambiar. Con el tiempo y la experiencia, llegarás a tener tu abanico de objetos de concentración que dominarás y con los que te sentirás bien.

3. **Mantén tu atención mental en un único objeto de concentración.** Fija toda tu atención mental en el objeto elegido en el paso anterior, y pon todo tu esfuerzo en mantenerla en ese objeto sin dejar que se vaya de allí.
4. **Permanece alerta ante las distracciones.** Con la intención de detectar la más mínima desviación de tu atención hacia cualquier otra cosa que no sea tu objeto de concentración, conserva la máxima atención. Es clave tener en cuenta que este trabajo no reemplaza al esfuerzo central —el más importante— de mantener toda tu atención en el objeto elegido. Pero es fundamental que de vez en cuando (y sobre todo al principio) dediques, cada diez o quince segundos, unas décimas de segundo a preguntarte si te has distraído, de no ser así, continúa de inmediato y prolonga tus esfuerzos para mantener tu atención en el objeto de concentración.
5. **En cuanto detectes una distracción, vuelve a concentrarte en tu objeto.** No esperes lo más mínimo. ¡Vuelve a tu objeto de concentración! Es decir: salta al paso tres.
6. **Finaliza la práctica.** Te aconsejo que fijes un tiempo máximo de práctica y programes un temporizador para que te avise. De esta forma, el tiempo no se convertirá en una distracción. Existen muchas aplicaciones para móviles que puedes emplear para controlar el tiempo de práctica. Personalmente, te recomiendo InsightTimer, que es gratuita, contiene una red social con millones de meditadores de todo el mundo y tiene también todos los recursos para mantener una práctica regular, hacer un seguimiento de tu progreso, recibir recordatorios, etc. Además, contiene miles de pistas de audio con meditaciones guiadas, charlas, etc., e incluso ofrece directos de meditación gratuitos. Tengo el lujo de ser uno de los maestros de meditación en dicha plataforma, y he publicado allí decenas de pistas de audio que están a tu disposición, incluyendo muchas enfocadas en la concentración mental.

En todo ese proceso hay tres cualidades fundamentales —más bien cruciales— para entrenar:

- La primera consiste en esforzarnos por mantener la atención todo el tiempo en el objeto de concentración. Esa es una vía que podríamos llamar «positiva» o «directa», en el sentido de que nos obliga a poner todos nuestros esfuerzos en lograr directamente el objetivo final: que la atención se quede fija en una cosa, sin moverse de allí. Esa facultad se entrena en el paso tres del procedimiento. Requiere esfuerzo, es decir, energía concentrada.
- La segunda cualidad esencial consiste en mantenernos alerta ante las distracciones. Se trata de otro tipo de trabajo mental. Debemos entrenar la mente para que se mantenga muy alerta ante lo que pasa por ella, de forma que pueda captar cualquier distracción lo antes posible. Por distracción me refiero a cualquier cosa que no sea el objeto de concentración. Sin duda, para lograrlo resulta clave la práctica de técnicas de *mindfulness*, o atención plena, es el mejor entrenamiento que puedo recomendarte. Sobre ese tema encontrarás con facilidad muchos recursos en internet y en otros libros. Un servidor ha escrito algunos que te podrían resultar de utilidad.[1, 2] Aquí hablamos de una forma de trabajo diferente a la mencionada en primer lugar. Hay involucrada mucha más energía de lo que aparenta, pero se nota menos, porque no es energía concentrada. No es en absoluto un trabajo sencillo, y necesita de mucha práctica, de forma continuada, regular, y durante toda la vida. Esta segunda cualidad corresponde al cuarto paso del procedimiento antes expuesto. Mientras que concentrarse en un objeto es un au-

1. Félix Torán, *Ecología mental para dummies*, Planeta, Barcelona, 2014.
2. Félix Torán, *El arte de ser y estar*, Ediciones Carena, Barcelona, 2018.

téntico esfuerzo, podría decirse que esta segunda cualidad no es en realidad un «esfuerzo» en el sentido estricto del término. Sin embargo, representa mucho trabajo, ¡no lo olvides!

- Finalmente, la tercera facultad que hay que entrenar es la capacidad de retornar tu atención al objeto de concentración tan pronto como detectes una distracción. Ahí sí que es necesario un esfuerzo importante. Tendrás que hacerlo con frecuencia para alcanzar cierta maestría. Pero no lo tomes como un problema, o como un signo de fracaso. ¡No lo es en absoluto! Las distracciones son como las pesas en un gimnasio. Ofrecen resistencia, pero son las que te permiten desarrollar los músculos. Sin dicha oposición, no lo lograrías. De forma análoga, en la práctica de la concentración estás entrenando el músculo de la atención concentrada, y las distracciones equivalen a las pesas de ese ejercicio. Cada vez que te enfrentas a una de ellas, estás creando un músculo más poderoso. Así que más que problemas, son oportunidades, y forman parte del entrenamiento. De igual modo que un gimnasio necesita pesas, la práctica de la concentración necesita distracciones. Conforme vayas progresando, tendrás menos interrupciones mentales, y eso significará que tu músculo de la atención es capaz de levantar mucho más peso y con mayor facilidad. Cuando adquieras más experiencia, las distracciones serán cada vez menos frecuentes, y te costará cada vez menos lidiar con ellas. Esta tercera cualidad requiere un esfuerzo importante, no hay duda, y en el procedimiento antes presentado se corresponde con el quinto paso.

Con independencia de la técnica que practiques ahora, y de las que puedas practicar más adelante, tras todas ellas siempre encontrarás esos tres elementos esenciales. En general, verás todo el procedimiento que te presentaba más arriba. Si no es exactamente así, como mínimo se incluirán los pasos tres, cuatro y cinco. De otro modo, es probable que esa práctica no esté entrenando de manera correcta la concentración, y te recomendaría estudiar —como mínimo— en qué tradición espiritual se basa, si se trata de una tradición espiritual antigua —de donde beben las mejores técnicas de meditación— y cuán fielmente la sigue.

La concentración y la atención plena como aliadas

Al poner la mente en mejores condiciones, la concentración ayuda a alcanzar la calma mental y resulta ideal para preceder a cualquier otra práctica meditativa. Se logra una menor agitación y se adquiere un mejor control de la energía mental, y esto prepara un terreno óptimo para otras prácticas, como la atención plena —cuya adaptación al mundo occidental se introdujo desde hace décadas con el término inglés *mindfulness*—. Lo más normal y acertado es comenzar con prácticas que entrenan la concentración para lograr las condiciones apropiadas de calma mental. De otro modo te encontrarás con un bombardeo de pensamientos, emociones, etc., que te pondrán muy difícil la práctica. Para lograr reducir la agitación mental, y así entrenar de manera correcta la atención plena, hay que empezar bien, y eso implica ejercitar la concentración.

Dicho lo anterior, también es fundamental ser conscientes de que la atención plena puede ayudarnos en nuestra práctica de la concentración. En efecto, es realmente importante empezar por la concentración para llegar a desarrollar la atención plena, pero una vez que lo logres, esta última te ayudará mucho en tu práctica de la concentración. ¡Digamos que se cierra el bucle!

Sin duda, como un caso de aplicación de particular interés te encontrarás con días en los que tu mente está superagitada, y no logras nada cuando intentas concentrarte. Se trata de esos días en los que la mente no para de dar saltos de un pensamiento a otro, y te cuesta muchísimo seguir todos esos cambios. ¡Y tras tantas distracciones, para qué hablar de mantener el foco y retornarlo al objeto de concentración! No es raro que pasen cosas como esta: te das cuenta de que te has distraído, haces un esfuerzo para recentrar la mente en el objeto, y antes de lograrlo te das cuenta de que ya te has dejado llevar por una o varias distracciones más... Esto puede resultar muy frustrante, pero es algo que nos pasa a todos, incluso si llevas años practicando.

¿Qué hacer en esos casos? Una buena técnica consiste en aplicar una forma de meditación que va más allá de la atención plena y que me parece adecuado llamar «consciencia sin elección», como hacía el filósofo hindú Jiddu Krishnamurti. Simplemente se trata de observar, sin elegir nada. Al no existir un pequeño yo que elige, dejamos que sea el gran yo superior quien lo haga, actuando a través de nuestro vehículo inferior o personalidad. Al dejar de elegir, dejamos de funcionar desde la autoconsciencia, que está sujeta a las malas elecciones y al problema del bien y el mal. En su lugar, dejamos que pilote el verdadero conductor del vehículo, que funciona desde la supraconsciencia, que jamás se equivoca, precisamente porque no juzga ni elige nada... No hay nada que elegir por nosotros mismos... Sencillamente, dejamos que actúe quien sabe hacerlo, porque funciona en absoluta armonía con las leyes universales espirituales, que conducen al correcto sendero de retorno. Krishnamurti no dio ninguna técnica para lograrlo, puesto que —resumiendo bastante— creía que las técnicas nos alejan del resultado deseado. Se trata solo de esforzarse por lograrlo. No hay nada más natural y que cueste menos esfuerzo, pero por una acumulación de malas elecciones, nosotros mismos nos lo hemos ido poniendo difícil. De ahí que la práctica sea en verdad muy importante y no podamos ignorarla. Te invito a practicar con regularidad, pues jamás te arrepentirás y verás los resultados en tu propia vida. Por mi parte, y en línea con esa visión que acabo de exponer, voy a proponerte una práctica concreta.

Cuando te encuentres con una mente muy agitada, practica esa forma de consciencia sin elección. Deja simplemente que los pensamientos fluyan ante ti, no pretendas detenerte para observarlos en detalle —algo que se hace en muchas técnicas específicas de *mindfulness*—. Tan solo déjalos pasar y observa sin intervenir en lo más mínimo. No les apliques la concentración para detenerte en ellos, ni para observar sus características. Tan solo deja que fluyan ante ti, como si estuvieras en un cine y el contenido mental fuera la película. No hagas como si estudiaras lo que ves, ya que es algo que requiere esfuerzo y concentración. Haz como si te divirtieses viendo una película o leyendo un libro. No te tomes a pecho tus pensamientos. Si son agradables, no dejes de disfrutar. Si te hacen reír, ríe. No decidas nada... Deja que pase, y solo observa... Si te asombras de que tú puedas llegar a pensar eso que observas, ríete de ti mismo. Si son pensamientos negativos, obsérvalos tal como son, del mismo modo que observas las situaciones negativas de una película. Si te pones a llorar, deja que pase. ¿A que cuando estás «dentro» de una película dramática no intentas frenar las lágrimas cuando algo te toca el corazón? Sencillamente, sucede por sí mismo. Haz lo mismo con tus pensamientos... No elijas si debes llorar, reír, enfadarte, etc. ¡Deja que pase, y observa! Llegarás a vivirlo todo como si fueras una tercera persona que está observando todo eso pasar ante ella, sin ser ella quien lo protagoniza.

Te recomiendo practicar unos minutos esa forma de meditación antes de pasar a la concentración. Lo más probable es que el fluir de pensamientos se vaya calmando. Cuando lo logres, entonces es el momento de pasar a la práctica de la concentración, que calmará todavía más los pensamientos. De hecho, mi consejo es que lo practiques incluso si tu mente está en calma.

Como has podido apreciar, la concentración ayuda a otras prácticas, pero estas también ayudan a la concentración. Digamos que la atención plena y la concentración contribuyen a calmar la mente, pero de dos formas completamente diferentes. Al fin y al cabo, las diferentes prácticas meditativas son complementarias y, sin duda, irás desarrollando el arte de combinarlas de acuerdo con los fines que persigas y las circunstancias de cada momento. Más adelante en este libro vas a encontrar una valiosa guía que te ayudará en ese sentido, aportando formas de meditar muy convenientes para muy diversas situaciones de la vida cotidiana. Después, tú deberás ampliarla con tu propia experiencia, que (insisto) es más un arte que una ciencia.

Antes de proseguir, creo conveniente aclarar algo importante. Desde luego, en este libro vas a encontrar muchas prácticas. Y no es raro quejarse y decir que no tenemos tiempo para tantas cosas «que te pido». Lo primero, quisiera aclarar que, por mi parte, no te pido nada. Tan solo te propongo cosas que te pueden ayudar, pero solo servirán de algo si las pones en marcha. Si fuera muy difícil o sencillamente imposible poner en práctica lo que te sugiero, ¿crees que habría hecho el esfuerzo de escribir este libro? ¡Claro que no! Si lo he hecho es porque tengo la total seguridad de que es posible, ya que no solo lo he vivido yo durante décadas de experiencia propia, sino que he visto (literalmente) a miles de personas lograrlo en todos estos años.

Por supuesto, requiere de un esfuerzo por tu parte, pero como te decía, no se trata de nada sobrehumano. ¿Qué hay muchas prácticas? ¡Claro! ¿Y qué? ¿Acaso en la vida no hay montones de cosas que hacer y al final, si nos lo proponemos, terminamos haciéndolas? Pues aquí no se propone superar lo que hacemos en el día a día, que ya es bastante. ¡Ni mucho menos! Se propone un pequeño esfuerzo adicional, que no está concentrado en un día «a lo bestia», sino repartido en el tiempo, con pequeños períodos de práctica realizados de forma regular. Quejarse diciendo que no tenemos tiempo para practicar no aporta ni resuelve absolutamente nada; tan solo revela un bloqueo en nuestro crecimiento interior. ¿Deseas salir de ese bloqueo? Entonces es muy sencillo: practica la concentración. Está ahí para ayudarte.

No dejes que el número de prácticas que encontrarás aquí te abrume. ¿Acaso no es superpositivo? ¿Te gustaría que para resolver un problema te diera una caja de herramientas casi vacía y sin manual de instrucciones? ¿No es mucho mejor tener una caja repleta de herramientas, con sus instrucciones y que te permitan decidir cuáles usar en cada caso para resolver tus problemas? ¡Claro que sí! De hecho, este libro te aporta toda una caja de herramientas meditativas, y te explica cómo usarlas. E incluso mucho más: te ayuda a combinarlas para resolver muchos problemas comunes de la vida cotidiana. Reconócelo: es probable que si hubiera muchas menos herramientas te quejarías de que este libro es un timo, le falta contenido, etc., etc. ¡La cuestión es quejarse! Y cuando te quejas, está hablando «nuestro viejo amigo» el ego, y eso significa que estás lejos del correcto sendero de progreso espiritual.

Es todo mucho más sencillo: deja las quejas aparte, porque no sirven para nada ni te pueden ayudar lo más mínimo. Las prácticas que hay en este libro son muchas, pero no tienes por qué hacerlas todas cada día... Te recomiendo dar una primera lectura al libro y probarlas todas superficialmente en el orden que se presentan. Después, haz una segunda lectura y practícalas en el orden que se presentan, pero dedicando las semanas que consideres apropiadas a cada ejercicio antes de pasar al siguiente. Es un proceso secuencial; es decir, no tienes que hacer todas las prácticas de los capítulos anteriores mientras incorporas una nueva. Si acaso, mi consejo es que mantengas alguna de las que se presentan en los primeros capítulos sobre concentración con la respiración, pero no hace falta más. No hay prisa, y nadie te ha puesto ninguna fecha para terminar. Recuerda que hablamos de un trabajo de una vida... Y si quieres hacerlo en otro orden o de otro modo, adelante. Lo anterior es solo un consejo, una idea para guiarte. A fin de cuentas, lo importante es que practiques, a tu ritmo, despacito, pero sin pausa, y que tengas verdadera voluntad de llevar este libro a la práctica en tu vida. ¡Hacer eso vale más que todo el oro del mundo!

Cuando termines, tendrás las ideas más claras, no solo en la teoría, sino en la práctica. Entonces ya no hablaremos de conocimiento, sino de sabiduría. Habrás llegado a un nivel en el que te resultará muy fácil seleccionar una o dos prácticas centrales, y luego acomodar otras en los momentos que decidas de la forma que determines. Estarás construyendo tu propio programa de práctica, y no habrá razón para estresarte, sino todo lo contrario. Estarás confeccionando tu propia caja de herramientas, que nadie mejor que tú sabrá usar, y que emplearás en el terreno que nadie conoce mejor que tú: tu vida. Sobre todo, paciencia... La concentración te ayudará a desarrollarla, pero debes ejercitarla todo lo posible para que los resultados de la concentración lleguen mejor y más rápido.

Ahora ya tienes bases suficientes para empezar a practicar la concentración teniendo claro lo que estás haciendo. Es un buen momento para adentrarnos en diferentes formas de practicar, empleando diferentes objetos. De esto se encargarán los próximos capítulos. ¡Vamos allá!

Capítulo 4

Practicar la concentración con la respiración

A partir de este capítulo nos embarcaremos en una fascinante exploración de diversas formas de practicar la concentración. Cada capítulo te invitará a descubrir técnicas con diferentes objetos de enfoque y aplicaciones para la vida cotidiana. Además, dedicaremos un capítulo a la atención plena, una práctica que, como hemos visto, complementa maravillosamente la concentración. Sin embargo, es importante destacar que lo que encontrarás aquí es solo una introducción a un vasto universo de posibilidades. ¡Y eso es lo maravilloso de esta aventura! Estás a punto de embarcarte en un viaje sin fin, en el que tendrás la libertad de forjar tu propio camino.

En los próximos capítulos, encontrarás explicaciones detalladas y técnicas poderosas que te animo a probar. Estas prácticas te proporcionarán herramientas valiosas para mejorar tu concentración, y te darán la oportunidad de decidir cuáles resuenan más contigo. No solo establecerás tu propio programa de práctica, sino que también tendrás la capacidad de profundizar en tu investigación, descubriendo nuevas formas de ejercitar tu mente. La lectura de este libro y tu propia experiencia te inspirarán a crear métodos personalizados, únicos para ti. Podrías elegir un símbolo personal para tus sesiones de concentración y meditación, o desarrollar un mantra u oración que te guíe, por citar solo dos ejemplos. Las posibilidades son casi infinitas, y cada una de ellas te acercará más a tu crecimiento espiritual y bienestar mental.

La respiración como objeto de concentración

Ahora nos ocuparemos de la práctica de la concentración empleando nuestra propia respiración como objeto de enfoque. Una gran ventaja es que se trata de algo que llevamos con nosotros todo el tiempo, durante toda la vida. ¡No es necesario buscarlo en ningún sitio! Y lo usamos mucho, puesto que a lo largo de una vida realizamos millones de respiraciones —literalmente—. Además, está íntima y completamente vinculada a la vida. También es un puente entre diferentes aspectos del ser: físico, vital, emocional, intelectual... Por lo que he vivido y observado, estoy convencido de que una persona que respira de manera correcta tiene una mayor vitalidad y, aunque no soy médico y esto no sea nada más que una opinión, creo firmemente que una buena respiración repercute en una buena salud. Y, en sentido contrario, una persona que exhibe determinadas formas de respirar transmite una idea acerca de su estado de salud. De nuevo, esto es solo una opinión (no médica), pero sigo diciéndote que estoy convencido, como lo han estado muchos sabios que se pierden en la noche de los tiempos.

En el Antiguo Testamento (Gen 2:7) hay una cita que considero relevante:

> Entonces Jehová Dios formó al hombre del polvo de la tierra, sopló en su nariz aliento de vida y fue el hombre un ser viviente.

Cabe decir que, en la Biblia, las referencias al aire o a la respiración se pueden contar por miles. Algunos ejemplos:

> (Job 33:4) El espíritu de Dios me hizo, y la inspiración del Omnipotente me dio vida.
> (Salmos 150:6) ¡Todo lo que respira alabe al Señor! ¡Aleluya!

En el yoga se le concede una importancia enorme a la respiración, incluyendo los ejercicios de respiración consciente del *pranayama*. En el budismo también se incluyen numerosas prácticas de consciencia de la respiración. En la práctica de origen budista de la tradición *theravada* llamada *vipassana* se comienza por la meditación utilizando la respiración como objeto de observación. En esa misma tradición, hay otra práctica denominada *samatha*, que persigue lograr la tranquilidad mental y, por lo tanto, incluye técnicas de concentración, incluyendo las basadas en la respiración. En *vipassana* se trata de desarrollar una mayor consciencia de nuestras sensaciones corporales, emociones, pensamientos, etc., por lo que está más en línea con lo que hoy se conoce como *mindfulness* (que ciertamente ha bebido de esa fuente, aunque se haya perdido «en la traducción»). Se trata de dos practicas complementarias, porque *vipassana* necesita del poder de la concentración mental —algo que se desarrolla también en *samatha*—, así que podemos ver de nuevo la complementariedad de la que hablábamos en el capítulo anterior.

En la tradición *soto zen* se presta una gran atención a la correcta forma de respirar, así como a la observación de la respiración. En los *Zend Avesta* —textos fundamentales del zoroastrismo—, se incluye el concepto de aliento universal.

El vínculo de la respiración con las emociones es bastante visible. Simplemente, recordemos cómo cambia nuestra forma de respirar cuando vivimos emociones muy intensas. Del mismo modo, al controlar la respiración para hacerla más lenta y profunda, podemos apreciar cómo las emociones intensas se atenúan.

También es fácil percibir el lazo que la respiración guarda con el estado mental concreto. Cuando nuestra mente está agitada y da saltos entre unos pensamientos y otros, la respiración tiende a agitarse también. Cuando ocurre lo opuesto, la respiración se calma... Unas respiraciones lentas, profundas y conscientes también ayudan a calmar la mente. En definitiva, no olvidemos que «como es arriba, es abajo; como es abajo, es arriba», y en lo que acabo de exponer queda bastante patente. Si la mente se agita, lo normal es que las emociones y el cuerpo físico hagan lo mismo. También es normal que esto afecte al cuerpo vital, de ahí que el estrés termine derivando en problemas de salud que los expertos en ese campo conocen mejor que este servidor. A su vez, cuando te invaden emociones fuertes, no es raro que la mente empiece a llenarse de pensamientos y dar saltos de un sitio a otro, mientras que el cuerpo también se agita. Así puedes hacer todas las combinaciones posibles, porque los diferentes niveles de tu ser vibran en correspondencia unos con otros. Tu respiración también entra en la misma ecuación. Y todo esto podrías llevarlo al alma, e incluso a estratos superiores del ser. En el fondo, en todo el universo hay una «respiración cósmica» única con la que todo se encuentra en armonía. Todo respira siguiendo ritmos comunes, y esa respiración universal se manifiesta en mil formas en toda la creación, y en todas las dimensiones posibles... Cuando estamos en armonía con ese ritmo respiratorio universal, todo está en orden. Practicar la concentración usando la respiración como objeto puede ayudarnos a recuperar esa conexión, esa armonía con la respiración de todo el universo en todos los niveles, de la cual nos separamos muchas veces en la vida.

Por lo tanto, queda patente que la respiración no es un objeto de concentración cualquiera, y debemos darle la enorme importancia que merece. Mi consejo es no dejar de utilizarla y darle una oportunidad, y tras lo expuesto creo que no hace falta que te aporte más justificaciones...

En las secciones siguientes se presentan diferentes formas de meditar con la respiración basadas e inspiradas principalmente en técnicas originarias del budismo. Antes de entrar en materia, procede una advertencia especial: ninguna de estas técnicas constituye una práctica de respiración consciente, en la que controlamos o forzamos determinados ritmos respiratorios, ni tampoco perseguimos elevar la energía a través de determinados centros, etc. Siguiendo los consejos que los sabios del pasado nos han legado, no te recomiendo en absoluto embarcarte en ese tipo de prácticas sin más. Los sabios que nos preceden nos han advertido que no todo el mundo está preparado para ellas, y pueden resultar peligrosas si no se practican en las condiciones adecuadas, de la manera correcta, con el entrenamiento previo apropiado y con el suficiente progreso. Si tu objetivo es realizar ese tipo de prácticas, este libro no te va a ayudar demasiado ni tiene (bajo ninguna circunstancia) la intención de hacerlo, ya que esos ejercicios están fuera de su alcance y contexto; en ese caso, te aconsejo sinceramente que encuentres un profesional debidamente cualificado en esas técnicas —lo que implica una responsabilidad por tu parte para encontrar a la persona adecuada— para que te guíe por el buen sendero.

Hay prácticas que trabajan con la energía y la desplazan de diferentes modos entre centros energéticos, y desde luego se basan en la concentración, puesto que hay que mover la energía. Pero no son prácticas realmente hechas para desarrollar la concentración. Su objetivo espiritual es mucho más elevado y complejo, de hecho, requieren un entrenamiento previo de la concentración muy elevado, que permita ejecutar esos ejercicios de forma correcta y relativamente segura. Por todas esas razones, ese tipo de ejercicios están fuera del alcance de este libro y te recomiendo mucha precaución antes de embarcarte en esos senderos.

En las próximas secciones veremos diferentes formas de ejercitar la concentración usando la respiración. Te animo a practicarlas con regularidad. Extiendo esto último a todas las prácticas que encontrarás en el libro. La forma particular de hacerlo la decides tú, y debes encontrarla. Cada ser humano es único y vive en unas circunstancias únicas, por lo que no hay una fórmula universal para aplicar; tú deberás construir tu propio programa de meditación. Eso no vas a lograrlo simplemente utilizando la razón, ni tampoco ocurrirá de la noche a la mañana.

Es necesario que sigas asimilando la teoría, como ya estás haciendo en este libro, pero que no te quedes ahí: tienes que pasar a la práctica, y entonces verás qué técnicas van mejor contigo, cómo encajarlas en tu agenda, etc. Al final tendrás tu propio programa de práctica. Si quieres una opinión basada en la experiencia como punto de referencia —que no debes tomar como una obligación en absoluto—, te recomiendo probar cada una de estas prácticas durante al menos una semana cada una, y quedarte con las que más «te resuenen». Después, las cosas irán poniéndose en su sitio. Irás «sintiendo» cómo prefieres practicar. Como te decía en el capítulo anterior, para mí lo ideal es tener unas pocas prácticas que puedas considerar «centrales», y que predominen en tu agenda de práctica. También es importante tener varios períodos —uno o dos es suficiente, pero pueden ser más— durante el día reservados con regularidad para la práctica, y en los que vas encajando tus prácticas. Las técnicas centrales que decía antes ocuparán la mayor parte de ese tiempo, y luego puedes ir acoplando las demás como mejor lo veas en el resto de los «huecos».

La anterior es solo una idea, y no todo el mundo se siente cómodo así. Por ejemplo, podría gustarte más centrarte en una sola práctica, y es igual de respetable y correcto. Mi único consejo es que evites dar saltos de una técnica a otra sin regularidad alguna, porque es probable que eso te convierta en aprendiz de mucho y maestro de poco. Siempre es mejor tener un menor número de tipos de práctica, pero ejercitarlos con regularidad. Irás viéndolo, y sabrás con seguridad qué te conviene más, y estará genial.

Ahora sí, ¡entremos en la práctica de la concentración con la respiración!

La forma de sentarse

Tanto para la práctica que abordaremos, a continuación, como para todas las de este libro que se practiquen en posición sentada, te recomiendo emplear la siguiente postura:

- Siéntate cómodamente en una silla.
- Coloca las plantas de los pies en contacto con el suelo.
- Separa ligeramente las piernas.
- Coloca sin ejercer presión las manos en reposo sobre las rodillas o muslos.
- Pon la espalda recta, pero no tensa. No la arquees ni hacia delante ni hacia atrás. Sin llegar a esos extremos, permite que la espalda esté bien erguida.
- Cierra los ojos.
- Haz tres respiraciones lentas y profundas, siente cómo el aire entra y sale de tus pulmones. Mientras lo haces, siente cómo vas relajándote. Si te parece necesario añadir algunas respiraciones más, no hay ningún problema.
- Comienza la práctica correspondiente.

Esta postura no es obligatoria. Si sueles utilizar otra, puedes hacerlo. De hecho, no hay ninguna postura imprescindible para ninguna de las prácticas que encontrarás aquí. Sobre todo, mi consejo es que evites posturas muy incómodas, que incluso te produzcan molestias físicas, puesto que eso se convertirá en una fuente de distracción. Por otro lado, es realmente muy importante que la postura que emplees te permita tener la espalda erguida, ya que nos transmite una actitud de mantenernos alerta.

Hay quien prefiere hacer algunas prácticas en posición tumbada, por ejemplo, en una cama. No tengo nada en contra, pero es obvio que, en la mayoría de los casos, dichas posturas pueden inducir el sueño con facilidad. De ahí que no sean la mejor fórmula para las prácticas en las que debemos tener la mente bien despierta, y desde luego no suelen ser las más recomendables para los principiantes.

Cuando llegue el momento de explicar las instrucciones de meditación para cada una de las prácticas de este libro, omitiré la fase destinada a sentarse —ya que acabo de presentarla aquí arriba— y me centraré en la meditación propiamente dicha. Si alguna meditación particular requiere de una postura diferente, lo indicaré explícitamente.

Respecto a la duración de la práctica, te recuerdo el consejo expuesto en capítulos anteriores: usar un temporizador o, mucho mejor, una aplicación para móviles dedicada a tal propósito.

Observar la respiración

Esta primera práctica servirá como punto de partida para después ir más lejos y, por lo tanto, es ideal para quienes empiezan esta aventura de la concentración y la meditación. Incluso si ya tienes experiencia, te recomiendo que la trabajes como si fuera la primera vez, sin olvidar que la actitud correcta es la de un eterno aprendiz.

Las instrucciones son las siguientes (recuerda comenzar por sentarte tal como se ha explicado en la sección anterior):

1. Dirige tu atención al abdomen.
2. Observa los movimientos de dicha zona al respirar. Apreciarás cómo se expande durante las inspiraciones, se detiene entre inspiraciones y espiraciones —y viceversa—, y se contrae cuando expulsas el aire. Pon toda tu atención en esos movimientos durante un minuto.
3. Deja que la respiración vaya a su propio ritmo. Eso lo decide ella misma. No estamos haciendo ningún ejercicio de respiración controlada. No hay ningún ritmo respiratorio que forzar. Si me permites la expresión, más que respirar se trata de dejar que la respiración nos respire a nosotros... Más que respirar se trata de ser respirado... Deja que la respiración haga su trabajo: ella sabe muy bien cómo hacerlo y no necesita de tu control. Mientras ella lo hace, simplemente dirige tu atención al abdomen, mantenla allí y dedícate por completo a observar sus movimientos.

4. Cuando detectes que el abdomen se expande al inspirar, con la voz de tu mente di: «Uno, uno».
5. Cuando detectes que el abdomen se contrae al expirar, con la voz de tu mente di: «Dos, dos».
6. Sigue contando movimientos de ese modo, sin límite: «Tres, tres», «Cuatro, cuatro», etcétera.
7. Si pierdes la cuenta, significa que te has distraído. En ese caso, ¡no pasa nada! Como ya sabes, las distracciones son parte del ejercicio. Estás ante una de esas pesas que tienes que levantar. Tan solo devuelve lo antes posible la atención al abdomen y comienza a contar desde uno. Dicho de otro modo, retorna al paso número uno.
8. Cuando llegue el momento, termina la práctica.

Si practicas esta técnica, es probable que aprecies cómo alcanzas un nivel de serenidad que te sorprenderá. No es habitual notar un efecto asombroso cuando lo practicas las primeras veces, aunque es perfectamente posible que a algunas personas les ocurra. Pero, aunque no aprecies nada impactante, no te impacientes; todo llegará, poco a poco, a su ritmo, ya lo verás. Si continúas trabajando periódicamente, los progresos te resultarán cada vez más tangibles y te sorprenderá cómo se van transportando a tu vida cotidiana.

Este ejercicio que acabamos de ver es muy conveniente como punto de partida, para luego llegar más lejos. Te recomiendo que lo practiques hasta que sientas que progresas con él. Eso no se puede medir objetivamente, pero lo vas a sentir. Suele llevar unas semanas, y a veces más, pero que eso no te preocupe: ya sabes que la concentración te ayudará a desarrollar la paciencia y, paradójicamente, hace falta paciencia para abordar la práctica...

Cuando ya tengas cierto dominio de esta técnica, puedes aplicar una variante: contar en sentido descendente, desde cien hasta cero, por ejemplo. Incluso puedes ir más lejos: en lugar de usar cuentas, emplea etiquetas mentales. En particular, cuando tu abdomen ascienda al inspirar, con tu voz mental di: «Sube, sube». Cuando se detenga entre la inspiración y la espiración, di: «Pausa, pausa». Cuando descienda con la espiración, di: «Baja, baja». Y cuando se detenga tras la espiración, antes de iniciar una nueva inspiración, di nuevamente: «Pausa, pausa». Aquí estás avanzando mucho más de lo que parece, pues el número de etiquetas diferentes se ha reducido y, además, estás caracterizando la respiración distinguiendo sus fases, y no solo contándolas. Y no solo eso, además, estás siendo consciente no solo de la expansión y contracción del abdomen, sino también de los períodos en los que se detiene. Por razones obvias, esta práctica es más compleja que la anterior, y por ello te recomiendo abordarla en segundo lugar. Dedica dos o tres semanas a este tipo de práctica, o incluso más tiempo si lo consideras apropiado.

Entonces estarás en condiciones de dar otro paso: quitar toda etiqueta mental. El objetivo será observar los movimientos del abdomen y sentirlos tal como son, sin salir del abdomen, sin pensar en nada más y sin poner ninguna etiqueta ni pronunciar ninguna «palabra mental». Habrás llegado a un nivel de complejidad importante que representa un gran progreso en el desarrollo de la concentración. ¡Eso ya será para matrícula de honor! Por eso te sugiero ese proceso gradual, y te invito a tener mucha paciencia. Si no tienes una gran experiencia previa y se te ocurre empezar con esta última forma de meditar, es probable que te invada la frustración, pues debido a la dificultad de la práctica sería raro que logres algún progreso. Es mucho mejor avanzar pasito a pasito a través de los ejercicios anteriores, y verás que también llegarás a dominar esta última técnica. Estarás en unas condiciones ideales para abordar cualquier otro tipo de práctica meditativa con mucha menor dificultad.

Todavía es posible avanzar a un nivel superior: cuando domines las prácticas anteriores, emplea otra zona del cuerpo para observar la respiración. Puedo asegurarte que, si alcanzas el nivel de concentración apropiado, podrás sentir la respiración en cualquier zona del cuerpo. Te aconsejo proceder de forma gradual y que aumentes progresivamente la dificultad. Por ejemplo, para empezar, puedes probar en zonas que se mueven de forma notable al respirar, como el pecho.

En ese sentido, hay un punto muy fino de observación de la respiración que requiere de una concentración muy elevada y, por ende, supone un entrenamiento impresionante —por eso te lo cuento al final—. Se trata de observar la respiración en el punto en que el aire roza el cuerpo justo antes de entrar en él. Es una zona muy pequeña —casi podríamos decir un punto— que se sitúa en algún lugar entre las fosas nasales y el labio superior. Al exhalar, notarás calor en esa minúscula zona. Al inhalar, sentirás un roce muy sutil. Al tratarse de una zona muy reducida y de unas sensaciones tan delicadas, la práctica exige una concentración muy elevada y, al mismo tiempo, es justamente eso lo que vas a desarrollar: ¡una superconcentración! Te recomiendo empezar usando en esa zona cuentas mentales, más tarde las etiquetas «inspiración» y «espiración» y, finalmente, observar las sensaciones tal como son.

En determinadas situaciones, todas estas prácticas pueden llevarse a la vida cotidiana. Por ejemplo, si te encuentras en una situación tensa y necesitas recuperar la calma y ponerte en condiciones de darlo todo para afrontar alguna prueba, si la situación te lo permite, cierra los ojos, y observa tres o cuatro ciclos de respiración usando la técnica anterior (o cualquiera de las otras, según el nivel de progreso en que te encuentres). ¡Ya verás qué bien funciona!

Añadir sonido

No vamos a dedicar un capítulo completo al importantísimo tema del sonido como objeto de meditación, ya que sería muy extenso. El poder del sonido es enorme, así que no puedo dejar de incluirlo aquí, junto con la respiración, porque el resultado es realmente poderoso. Tras la lectura del libro podrás combinarlo con otras prácticas.

Una técnica muy poderosa es la siguiente:

1. **Elige un mantra, una breve afirmación o una pequeña oración.** Muchas personas se decantan por el sonido *om*, que normalmente se pronuncia alargando la o para terminar con una larga eme que se prolonga hasta extinguirse paulatinamente.
2. **Deja que la respiración funcione a su propio ritmo,** sin controlarla de ningún modo.
3. **Observa tu respiración.** Puedes hacerlo en una zona concreta si lo deseas (por ejemplo, en el abdomen). Sé consciente de las fases de inspiración, espiración y de los momentos de reposo entre ambas.
4. **Cuando llegue una inspiración, pronuncia mentalmente el mantra elegido,** tratando de ocupar la duración completa de la inhalación.
5. **Cuando la respiración se detenga,** observa ese espacio.
6. **Cuando llegue la exhalación, pronuncia de nuevo tu mantra,** trata de ocupar toda su duración.
7. **Cuando la respiración se detenga,** observa de nuevo ese espacio con atención.
8. **Repite el proceso** desde el paso cuatro.
9. **Si tu mente se distrae, vuelve al paso dos,** y no ha pasado nada.
10. Cuando llegue el momento, **finaliza la práctica.**

Esta práctica proporciona una calma mental increíble, ya lo verás. Si la ejercitas, no tendrás duda del gran poder del sonido. Además, aquí también incluimos la palabra, lo que añade aún más poder. Puedes ir creando variantes; por ejemplo, pronunciar tu mantra solamente cuando exhales o solo cuando inspires.

Como curiosidad, en la práctica *samatha* de la tradición budista *vajrayana* se utiliza una técnica basada en el mantra «Om Ah Hung». Al inhalar, se canta mentalmente «om»; luego, durante la suspensión de la respiración, «Ah»; por último, al exhalar, «Hung».

Respiración y consciencia del cuerpo

Ya hemos visto formas de practicar la concentración sintiendo la respiración en diferentes partes del cuerpo. Es posible llevar el ejercicio más lejos y, además de un medio para alcanzar una enorme relajación corporal, convertirlo en un proceso de reconexión con la consciencia de nuestro propio cuerpo. Es una práctica ideal para realizar tras una jornada de situaciones tensas o sencillamente si experimentas nerviosismo y tensiones corporales. Asimismo, resulta excelente para el momento de ir a descansar, ya que ayuda a conciliar el sueño. ¡No es raro que abraces a Morfeo antes de terminar, y eso es genial si tu propósito es dormir mejor! Te recomiendo abordar esta práctica cuando ya hayas desarrollado varias semanas con las anteriores —no es necesario que llegues a las más avanzadas, pero, como mínimo, sí deberías practicar unas semanas con las cuentas mentales en el abdomen—. Veamos las instrucciones de meditación (en caso de querer dormir mejor, haz el ejercicio en la cama, cuando ya estés en condiciones de dejarte llevar por el sueño):

1. Dirige tu atención al pie izquierdo y mantenla allí.
2. Durante unos diez o quince segundos, observa las sensaciones en esa zona, y en especial detecta cualquier tensión existente allí.
3. Visualiza de la forma que prefieras la tensión en el pie izquierdo. Por ejemplo, hay quien prefiere imaginarla de co-

lor rojo, otros le dan formas concretas, etc. No hay ninguna regla para aplicar: dale el aspecto visual que prefieras y que mejor represente para ti la tensión.

4. Haz una inspiración lenta y profunda. Mientras lo haces, visualiza cómo el aire se dirige a tu pie izquierdo. Conforme el aire llega al pie, visualiza cómo atrapa esa tensión que habías visualizado en el paso tres. Hay quienes imaginan una especie de burbuja que atrapa en su interior la tensión y no la deja escapar. Puedes hacerlo libremente como prefieras, ya que no hay reglas.
5. Retén el aire unos segundos, pero sin sentir ninguna incomodidad. Da igual si son solo tres segundos..., ¡o si es solo uno! De ninguna manera perseguimos crear la menor incomodidad. Adapta esa pausa a la duración que te resulte cómoda. ¡No existe ningún requisito! Cada persona es un mundo, y te recomiendo no forzar la respiración. Esto no es un reto ni estás compitiendo con nadie. Cualquier sensación desagradable te está dando el mensaje de que es el momento de expulsar el aire. Durante el período de retención de la respiración, continúa visualizando cómo el aire atrapa la tensión.
6. Expulsa el aire lo más lenta y suavemente que te resulte posible, sin sufrir incomodidad alguna. Mientras lo haces, visualiza cómo el aire arrastra la tensión que has atrapado, y la expulsa fuera de tu cuerpo, perdiéndose en el infinito.
7. Repite los pasos del tres al seis durante dos ciclos de respiración más.
8. Ahora repite todos los pasos anteriores (del uno al siete), pero en lugar de hacerlo en el pie izquierdo, hazlo en la pierna izquierda (desde el tobillo hasta la rodilla).
9. Ahora repite los pasos del uno al siete, pero esta vez céntrate en el muslo izquierdo.
10. Sigue repitiendo los pasos del uno al siete y céntrate cada vez una zona o grupo muscular. Sigue la secuencia que recorre el cuerpo de abajo arriba: pie derecho, pierna derecha,

muslo derecho, glúteos, etc. Sigue repitiendo el proceso hasta llegar a la cabeza.

11. Cuando hayas recorrido el cuerpo entero, lo más probable es que físicamente te sientas mucho más relajado, y si te tumbaste, no sería raro que te hayas dormido. Si aún no te has dormido, ahora realiza los pasos del uno al siete, pero en lugar de centrarte en una zona concreta, considera el cuerpo entero «como un bloque», todo junto.
12. Termina la práctica realizando tres respiraciones lentas y profundas.

Expulsar emociones y pensamientos con la respiración

Puedes aplicar la técnica anterior también a las emociones y los pensamientos. El procedimiento es similar, aunque no recorreremos secuencialmente zonas del cuerpo y añadiremos elementos de atención plena. Veamos cómo proceder:

1. **Observa tu respiración en el abdomen,** sin realizar cuentas mentales. Tan solo observa los movimientos del abdomen.
2. **En el momento en que aparezca en tu campo de consciencia una emoción tóxica** (ira, odio, envidia, celos, resentimiento, etcétera) o un pensamiento tóxico del tipo que sea, **date cuenta de que está ahí** y toma la determinación de expulsarlo.
3. **Si se trata de una emoción, observa tu cuerpo** y determina dónde sientes esa emoción, y qué forma adopta: ¿vibra?, ¿sientes cosquilleo?, ¿se desplaza?, ¿es desagradable?, etc. Si es un pensamiento, salta al paso cinco.
4. **Haz una inspiración profunda y realiza el proceso de atrapar y expulsar aplicado en la meditación anterior,** pasos del tres al siete, pero en lugar de aplicarla a la tensión corporal

en el pie izquierdo —como hacíamos entonces—, dirígela ahora a la sensación detectada en el paso anterior.

5. **Si has detectado un pensamiento tóxico, visualízalo de la forma que te resulte más cómoda.** Si ha asumido la forma de una imagen mental, por ejemplo, puedes visualizarlo dentro de una especie de esfera o burbuja que lo rodea y lo retiene «bien agarrado». Si es un sonido o una palabra, puedes verla escrita y rodearla de la misma forma. Tampoco hay reglas, y estas son solo algunas ideas; la forma la decides tú.
6. **Haz una inspiración profunda y realiza el proceso de atrapar y expulsar que hemos aplicado en la meditación anterior,** pero en este caso dirige el aire mentalmente a esa imagen mental de tu pensamiento tóxico retenido y atrapado como hayas decidido. Después, al expulsar el aire, visualiza cómo ese pensamiento atrapado es expulsado fuera de ti y se pierde en el infinito.
7. Vuelve al **paso uno.**
8. Cuando llegue el momento, **termina la práctica** con unas respiraciones lentas y profundas, después abre los ojos.

Si lo deseas, puedes aplicar esta técnica únicamente a las emociones, o únicamente a los pensamientos. De hecho, puedes hacerlo con emociones, pensamientos y tensiones corporales, pues ya tienes los elementos prácticos necesarios para lograrlo. Como ya debes haber apreciado, las técnicas que estamos viendo son muy versátiles, y con el tiempo y la experiencia se te ocurrirán formas de llevarlas más lejos o aplicarlas a fines concretos.

Una aplicación práctica: cuando alguien te insulta

Como ya te avanzaba, este libro culmina con un capítulo —acompañado de un anexo— dedicado a la aplicación de la concentración en las más variadas situaciones de la vida cotidiana. No deseo entrar en el territorio de dicho capítulo, pero he considerado conveniente incluir en el presente una aplicación particular de la concentración usando la respiración, ya que encaja a la perfección con la teoría y la práctica que acabamos de abordar; al mismo tiempo, se puede aplicar de forma bastante directa. Se trata de una situación que debido al estado en que por desgracia se encuentra todavía la humanidad, ocurre más de una vez en la vida de todo ser humano. Me refiero a esas situaciones en que alguien nos insulta o, al menos, nos sentimos insultados. Aclaro que no analizo la situación ni mucho menos busco culpables; eso es absolutamente irrelevante y propio del ego, que es justo lo que intentamos combatir.

Aquí lo importante es arrojar luz espiritual, que es la única que, en realidad, puede iluminar un asunto y despojarlo de la oscuridad del ego. Desde esa perspectiva, es por completo absurdo que alguien te insulte y te sientas mal. ¿Has reaccionado? ¿Te parece una barbaridad? Si es así, tienes ante ti la prueba de que estás funcionando desde el ego, que es quien acaba de reaccionar. Y eso significa que necesitas solucionarlo. A ese respecto, tengo una buena noticia: la concentración basada en la respiración puede ayudarte.

Como ya te decía antes, empecemos por arrojar un poco de luz espiritual. Nadie puede insultarte a ti. Solo se puede insultar a la personalidad. Al alma nadie la puede tocar, ni mucho menos dañar. Si alguien te insulta y te sientes mal, es señal de que te has separado del alma para identificarte con tu personalidad. Has dejado de ser quien eres en realidad y te has convertido en tu falso yo. Si retornas al alma, eres tú de nuevo, y nadie puede tocarte. Solo verás a una personalidad intentando hacer daño a la tuya. Pero mientras tanto, tú estarás a salvo. En verdad, tampoco tú puedes dañar a otra persona; solo es posible si caes en la identificación con tu personalidad y únicamente podrás dañar lo que la otra persona no es. Si funcionas desde el alma, jamás intentarás dañar la personalidad de otro ser humano. Y tampoco su alma, ya que en última instancia es la misma que la tuya... El daño que crees que sientes, no lo estás sintiendo tú... ¡Lo experimenta tu personalidad! Permíteme insistir: si te sitúas en la dimensión del alma, nadie podrá tocarte. Solo podrán tocar tu personalidad, que no eres tú...

Entonces ¿qué puedes hacer cuando alguien te insulta? Lo primero, respirar antes de responder... Haz simplemente una o dos respiraciones conscientes llevando tu atención al abdomen, por ejemplo. Si practicas con regularidad los ejercicios que hemos visto en este capítulo, lo tendrás cada día más dominado. Si lo deseas, añade sonido en la línea de lo que hemos visto. Esto te permitirá llegar a un estado de mayor calma y cercanía a tu verdadera esencia. Por supuesto, si llevas poco tiempo practicando, puede que aún no lo veas así, pero te garantizo que, si practicas con regularidad, llegarás a verlo claro como el agua. ¡Ahí tienes una buena motivación para practicar diariamente!

Cuando hayas respirado, trae a tu mente la idea clara de que tú no eres tu personalidad. Observa con desapego tus emociones, sensaciones y pensamientos. Recuerda que no eres lo que piensas, sino quien piensa; no eres tus emociones, sino quien las siente; tampoco eres tus sensaciones físicas, sino quien las experimenta. Lo que sientes física y emocionalmente, así como tus razonamientos, pertenece a tu personalidad, ¡y tú no eres eso! ¡Tú utilizas a tu personalidad! Después, realiza unas respiraciones lentas y profundas, sé consciente de todo el proceso y siente cómo te vas relajando. Debes hacer esto de forma muy rápida. Te recomiendo que medites sobre estas ideas con regularidad; de ese modo te resultará mucho más fácil y rápido recordar que no eres tu personalidad y cuando resulte necesario, darte cuenta de que te identificas con ella.

Después decide con rapidez si merece la pena responder o no. Algunas veces el silencio es la mejor respuesta, y en otras es necesario hablar o actuar. Si lo haces, asegúrate de que tus palabras construyan y no sean una forma de convertir el fuego en un incendio incontrolable. Aplica la máxima asertividad, actúa y habla de forma no ofensiva, pero sé consciente del derecho que tienes a que te respeten. No prejuzgues y actúa de forma totalmente factual, no hables de lo que crees, sino de los hechos objetivos. No hay ninguna fórmula universal para poner en práctica todo esto, es más un arte que una ciencia que no podemos abordar en una simple sección de un libro. Después, lo antes que te resulte posible, aléjate de la persona o personas tóxicas y de todo ambiente tóxico.

Todo esto requiere de cierta prisa y de cierta rapidez en responder, pero insisto: si practicas con regularidad y reflexionas de vez en cuando sobre lo explicado, es perfectamente posible y te resultará mucho más accesible.

Es probable que más tarde el episodio desagradable vuelva a tu mente, en esos momentos, si te resulta posible, te recomiendo que repitas un proceso similar, respira y reflexiona, pero esta vez tómate más tiempo. Después, saca las mejores lecciones que puedas de lo ocurrido:

- ¿Qué ha hecho mal esa persona?
- ¿Qué he hecho mal yo?
- ¿Qué podría haber hecho para resolver mejor la situación?
- ¿Qué puedo hacer para evitar que suceda en el futuro?
- ¿Qué acciones debo emprender?
- ¿Quizá hay algo por lo que deba pedir perdón?
- Si el suceso se repite, ¿qué debo hacer para resolverlo de forma inofensiva?
- ¿Qué debería cambiar en mi conducta?
- ¿Debería pedir ayuda? ¿A quién?

Hazte todas las preguntas que se te ocurran, y anota todas tus conclusiones. Lo más importante es que pongas en marcha cuanto antes lo que hayas decidido. Quizá un día, a largo plazo, ese episodio angustioso dé lugar a un cambio maravilloso en ti.

Al acabar ese ejercicio, te recomiendo que traigas a tu mente algo muy agradable que te haya sucedido, a poder ser recientemente, y que te ayude a recuperar la energía positiva.

Por supuesto, aclaro que todo lo presentado está orientado a situaciones de la vida cotidiana que, aun siendo desagradables, se encuentran en unos límites razonables. Por supuesto, aquí quedan al margen las situaciones extremas, por ejemplo, aquellas en las que hay violencia, acoso, etc., que deberían ser siempre tratadas a través de los profesionales cualificados necesarios según el caso.

Aplicar todo esto cuesta, claro está, y la primera vez no te saldrá perfecto, pero te resultará más fácil si practicas cada día la concentración y aplicas esta técnica cuando surjan situaciones desagradables. ¡Ánimo! Y recuerda que en esta aventura de ser insultados estamos todos en el mismo club, porque nadie se libra. ¡Aporta tu granito de arena para que eso cambie y un día no haga falta una sección como la presente!

Sobre la base de este capítulo, iremos aún más lejos, y el poder de la concentración con la respiración resultará el pilar central. No es necesario que detengas aquí la lectura si no quieres, pero te recomiendo que al menos detengas la práctica unas semanas hasta que ganes confianza con las técnicas que he compartido en este capítulo. Te proporcionarán una base firme y sólida para que todas las prácticas siguientes den un resultado mucho mejor y más potente.

Capítulo 5

Concentrarse en los centros de energía

El momento propicio para despertar los chakras es en el silencio de la primera luz del amanecer, cuando el mundo aún duerme bajo un manto de quietud. Cada uno de ellos, desde el sereno *Muladhara* en la base de la columna hasta el vibrante *Sahasrara* en la coronilla, aguarda ser despertado por la concentración mental. En el bullicio cotidiano, encontrar la calma interna necesaria para canalizar la energía hacia estos centros de poder puede parecer un desafío insuperable. Sin embargo, es en los momentos más simples y en los rincones más tranquilos de la mente donde se encuentra la clave para abrir este portal hacia la plenitud y la conexión espiritual.

Imagina un día agitado en el que las preocupaciones y distracciones parecen multiplicarse sin control. En este escenario, el despertar de los chakras no solo ofrece un escape, sino una guía hacia la armonía interior y la claridad mental, por citar solo dos ventajas de una infinidad. A medida que cada chakra se despierta y se alinea, se desvanecen las tensiones del día a día y dejan espacio para una paz profunda y una percepción renovada del mundo que nos rodea.

La respiración posee un poder extraordinario para dirigir la energía hacia diferentes áreas del cuerpo y conectarlas con planos superiores. Este proceso no se limita al ámbito físico, sino que alcanza su contraparte espiritual: los centros de energía fundamentales que conforman nuestra existencia. Estos centros actúan como puntos de interconexión entre distintos niveles vibratorios del ser y del universo, y han sido reconocidos y utilizados desde tiempos inmemoriales por diversas tradiciones ancestrales. El yoga se destaca como un ejemplo primordial —aunque no único—, y estudia estos centros vibratorios bajo el nombre de chakras, que adoptan diversos nombres y ubicaciones físicas según cada tradición. En cualquier camino espiritual auténtico, trabajar con estos centros esenciales resulta indispensable para alcanzar un desarrollo espiritual genuino. Si una tradición auténtica los ignora en el ámbito exotérico, sin duda, los tendrá en cuenta en el aspecto esotérico, pues constituyen un componente vital en el tejido mismo de los senderos espirituales tradicionales.

Según las distintas tradiciones espirituales, los chakras se enumeran de diversas maneras, y cada una les atribuye correspondencias y características únicas. En el contexto del yoga, se sigue un sistema particular y antiguo que resuena profundamente conmigo. Sin embargo, es importante reconocer que no afirmo que ningún sistema tradicional posea la verdad absoluta sobre los chakras, ni que otros estén equivocados. Cada tradición ofrece un camino único hacia un mismo fin, y utiliza sus propios sistemas de centros energéticos para alcanzar la armonía espiritual.

Las diferentes tradiciones asocian esos chakras con múltiples aspectos: colores, sonidos, ángeles, planetas, energías, arcanos del tarot, letras hebreas, sefirot del árbol cabalístico de la vida, elementos, etc. De hecho, entre esos aspectos —y muchos otros— existen correspondencias, y el sendero de desenvolvimiento espiritual conlleva el trabajo individual de comprenderlas y además experimentarlas. Te corresponde a ti investigar, meditar, experimentar y llegar a tus propias conclusiones y asociaciones de conceptos, energías, vivencias interiores, etc. Eso solo lo puede hacer uno mismo, y es un trabajo interior, personal, individual e intransferible. Ahí te aviso para que no pierdas tiempo: intentar transferir tu vivencia interior es una pérdida de tiempo, y ya nos preceden bastantes milenios de experiencia de muchos sabios iluminados como para ponerlo en duda, por lo que te recomiendo no perder el tiempo por esos derroteros que conducen a falsos gurús, confusiones, senderos inventados vestidos de tradiciones, mezclas inventadas entre ciencia y espiritualidad, y mucho más. Aquí usaremos la respiración y los colores; luego añadiremos el sonido, ¡y eso no es poco, como ya verás! Es un entrenamiento increíble que te llevará un paso más allá del capítulo anterior, y tiene un poder enorme. Sin duda, es un trabajo para toda una vida, y diría que más de una...

Como ya te adelantaba más arriba, los chakras también se corresponden con centros del cuerpo físico que pueden ser órganos, plexos, etc. Pero déjame insistir una vez más: aquí no nos interesa actuar directamente sobre ese terreno, en sentido corporal. Por el contrario, nos estamos centrando en un nivel vibratorio que está más allá del propio de la materia, y que se correspondería con los planos etérico y astral (hay quien los confunde en un solo término, pero no son lo mismo).

Recuerda que como es arriba, es abajo, y viceversa. Por ende, los chakras interconectan los diferentes niveles de nuestro ser: emocional, físico, mental concreto, mental abstracto, espiritual... Trabajar sobre ellos te permitirá recuperar un equilibrio entre esos niveles, y también ir logrando un alineamiento entre los diferentes chakras, algo que resulta crucial para estar en condiciones de progresar en el sendero espiritual. Queremos convertirnos en auténticos canales capaces de acceder a la luz que procede de los planos superiores, para luego manifestarla en el mundo material, que tan necesitado está de ella. Ese canal transcurre a través de los diferentes chakras, que vibran en diferentes niveles energéticos, entre lo más sutil y lo más denso. Para que pueda funcionar, ese canal deberá estar, como mínimo, bien alineado.

Conocer los chakras

Los chakras son centros energéticos sutiles situados en el cuerpo humano. La palabra *chakra* proviene del sánscrito y significa «rueda» o «disco», lo que refleja su naturaleza como vórtice giratorio de energía. Según estas tradiciones, los chakras son puntos de conexión entre el cuerpo físico y el campo energético, e influyen en el bienestar físico, emocional y espiritual de las personas. Como ya anticipaba, cada chakra se asocia con ciertos órganos, funciones corporales, aspectos psicológicos y energías específicas.

En total, desde la tradición propia del yoga, se identifican siete chakras principales, distribuidos a lo largo de la columna vertebral, desde su base hasta la coronilla de la cabeza. Cada uno de estos centros energéticos tiene su propio color, mantra y símbolo, y su correcto equilibrio y alineación son esenciales para nuestra armonía integral. Te invito a realizar una búsqueda en internet sobre los chakras y su localización en el cuerpo, y verás que resulta muy fácil encontrar representaciones gráficas muy ilustrativas. Vamos a analizar cada chakra en mayor detalle:

◊ **Chakra raíz o *Muladhara*.** Se localiza en la base de la columna vertebral, en la zona del perineo. Tiene una conexión muy íntima con el plano material, lo que no es extraño dada su localización más cercana al suelo. Como curiosidad, fíjate cómo en las tradiciones espirituales más antiguas de Oriente, la postura meditativa suele mantener ese chakra muy cercano al suelo. Un buen ejemplo es la famosa postura del loto. El objetivo es mantener el chakra raíz cerca de la tierra para ponerlo en contacto con las energías que de allí emanan —y que los antiguos sabían localizar muy bien en los lugares precisos—. Suele relacionarse con la vitalidad, la seguridad, el sentido de supervivencia y la estabilidad. Cuando se trabaja con este chakra y se logra despertar y equilibrar, proporciona, entre otras cosas, sensación de seguridad, estabilidad y energía. Cuando no se encuentra en equilibrio, ocurre lo contrario: inseguridad, inestabilidad, irritabilidad, impaciencia, miedo, etc. Tiene que ver con la estabilidad cuerpo-mente. Además, un chakra raíz desequilibrado suele ir acompañado de sensaciones desagradables, como las que produce el miedo, la ansiedad, etc. Dado su vínculo con el plano material, las personas muy materialistas —con gran apego a las posesiones materiales y que niegan la dimensión espiritual— suelen tener este chakra bloqueado. Lo mismo ocurre con las personas que viven con miedo y que carecen de confianza en sí mismos. Su color es el rojo. El sonido asociado es *lam*. Resulta importante tener este chakra bien equilibrado, ya que es el terreno de base sobre el que construir, puesto que los demás chakras deben alinearse con él.

◊ **Chakra sacral o *Svadhisthana*.** Este chakra lo encontramos en el abdomen, por debajo del ombligo, a la altura del hueso sacro. Suele asociarse a las emociones y también a la sensualidad. Cuando no está bien balanceado suele asociarse a problemas sexuales, timidez, comportamiento frío, inestabilidad emocional, etc. Si, por el contrario, se encuentra bien activado, suele denotar creatividad, alegría, sexualidad sana, emociones positivas, etc. Las personas que tienen este chakra en equilibrio suelen irradiar alegría, cercanía, etc. Te hacen sentir bien en su presencia, aunque no sepas por qué. Si, por el contrario, te encuentras con alguien que a nivel emocional cambia con brusquedad —por ejemplo, si está riendo y de repente se enfada—, es posible que su chakra sacral no esté bien balanceado. Por sus características, este chakra tiene un cierto vínculo con el estrés y los problemas emocionales. Su color es el naranja, y su mantra es *vam*.

◊ **Chakra del plexo solar o *Manipura*.** Se ubica unos centímetros por encima del ombligo, a la altura del estómago. Tiene mucho que ver con el poder personal y la voluntad. También con el intelecto. Evidentemente, también con la confianza en sí mismo y la capacidad de entrar en acción. Los tres chakras que hemos visto hasta aquí tienen que ver con nuestro vehículo inferior, la personalidad. El chakra raíz está relacionado con nuestra dimensión física; el sacral con el vehículo emocional; por último, el chakra del plexo solar se relaciona con el aspecto mental concreto. Lo habitual es que las personas con poca confianza en sí mismas, con problemas de razonamiento o memoria, que se bloquean en sus pensamientos con facilidad, tengan este chakra desequilibrado. Desde luego, si te encuentras con alguien que irradia una sana y equilibrada autoconfianza, que exhibe un uso inteligente de su razón, que busca soluciones y entra en acción, etc., suele ser una persona con el chakra *Manipura* en equilibrio. Su color es el amarillo y su mantra es *ram*.

◊ **Chakra corazón o *Anahata*.** Se encuentra en el centro del pecho. Está en la posición central de los siete chakras, con tres chakras inferiores debajo —relacionados con el vehículo inferior o personalidad—, y tres chakras superiores por encima, que se relacionan con nuestra identidad superior —y que algunas tradiciones asocian a la cadena que vincula al alma con el espíritu—. Desde esa posición central, con un rol mediador entre lo superior y lo inferior, hay tradiciones que asocian al chakra corazón con el alma. Está relacionado con el amor, en el más amplio y espiritualmente puro sentido del término. ¡Atención! No confundas el amor con su dimensión física, sentimental, intelectual, abstracta, etc. Esos son aspectos del amor; son proyecciones del amor sobre planos determinados. Pero reducir el amor a uno de esos aspectos es tan impreciso como decir que la sombra de un árbol es el árbol, o que la imagen de un actor en una pantalla es el actor de carne y hueso. Las cualidades propias del amor están vinculadas a ese chakra, incluyendo la compasión, la alegría empática, el perdón, la generosidad, etc. Una persona que ama de verdad es alguien que ve el amor en todas partes, y que emana amor desde su corazón. Esas personas que irradian alegría, compasión, amor en todo lo que dicen y hacen, cariño, amistad, fraternidad, capacidad de perdonar, etc., son personas con el chakra corazón bien equilibrado. Las personas que transmiten todo lo contrario —odio, rabia, enfado, envidia, etc.— tienen ese chakra desequilibrado. Su color es el verde, y su mantra es *yam*.

◊ **Chakra de la garganta o *Vishuddha*.** Lo encontramos en la zona de la garganta, y dada su ubicación, no es raro que se relacione con la comunicación, el habla, la escucha y la sabiduría. A veces se olvida que cuando está bien equilibrado, este chakra tiene que ver con la creatividad, puesto que la palabra tiene un enorme poder creador, como ya comentaba en capítulos anteriores. Cuando me refiero a la palabra, no solo lo reduzco a su faceta hablada, sino que englobo todas las posibilidades. En consecuencia, este chakra también tiene que ver con el parloteo interior, la palabra pensada, la escritura, el canto, etc. Y todo tipo de formas de expresión creativa. Si te encuentras con una persona que exhibe problemas para comunicarse con los demás, es probable que no disponga de un chakra de la garganta en equilibrio. El color de este centro es el azul turqués y su mantra es *ham*.

◊ **Chakra del tercer ojo o *Ajna*.** Se localiza en el centro de la frente, en la zona del entrecejo. Se puede considerar que es la contrapartida espiritual de la glándula pituitaria. También hay quienes la asocian a la glándula pineal, o incluso a ambas —ya que desde la perspectiva espiritual forman un sistema—. Como habrás podido apreciar, a medida que ascendemos a través de los chakras, elevamos el nivel vibratorio desde lo meramente material hacia planos cada vez más sutiles. En este caso, hablamos de un centro relacionado con el pensamiento, pero desde su perspectiva superior, más allá de lo intelectual. Cuando está bien equilibrado, favorece los sueños, la intuición, la imaginación, la visualización, el pensamiento, una mayor facilidad para captar las emociones propias y las de los demás, etc. Su color es el índigo y su mantra puede variar según la fuente que consultes. Hay quienes le asocian el sonido *om* a este chakra, y el sonido *aum* al que veremos justo después. Por otro lado, hay quienes vinculan el tercer ojo con el sonido *aum* y asocian el chakra corona con el silencio. También hay quienes asocian el sonido *om* con ambos chakras (tercer ojo y corona). Puedes decidir qué sonidos te «resuenan» más y tienen un mayor significado vibratorio para ti. Personalmente, después de décadas de práctica y revelaciones interiores, me decanto por usar el sonido *om* con el chakra tercer ojo y el *aum* con el chakra corona.

◊ **Chakra corona o *Sahasrara*.** Se ubica en la coronilla. Hay quienes prefieren visualizarlo unos centímetros por encima de ese punto. Es el más espiritual de todos los chakras, y se asocia a la consciencia pura, la iluminación, las facultades extrasensoriales, la conexión con la unidad del universo, el contacto con la divinidad, etc. Las personas que han alcanzado un nivel de evolución espiritual muy avanzado suelen tener este chakra bien activo y equilibrado. Su color es el violeta, aunque también hay quien prefiere utilizar el blanco, ya que engloba a todos los colores y simboliza la totalidad, así como la pureza. Respecto a su mantra, te remito a las explicaciones aportadas para el chakra del tercer ojo.

La anterior es una presentación general de los chakras, y resulta suficiente para el propósito de este libro. Si quieres llegar a un conocimiento preciso de los chakras, queda muchísimo más por decir, y te invito a investigar por tu cuenta; ¡hay mucho material y mucho que aprender! Una sugerencia es invitarte a consultar la representación gráfica de cada uno de los chakras, lo que constituye un conjunto de símbolos para la meditación (tema que trataremos en otro capítulo más adelante).

Me gustaría anotar que en el sendero de evolución espiritual se parte de la base de que somos seres imperfectos —de otro modo no nos encontraríamos en el presente estado de caída en la materia, una situación a la que nos hemos conducido nosotros mismos como humanidad, a través de nuestras malas decisiones—. En consecuencia, el sendero de retorno a la unidad pasa, primero, por preparar un vehículo inferior que esté en condiciones de poder servir al alma. Eso significa que debemos hacer un trabajo doble. Por un lado, debemos elevar nuestro nivel vibratorio para armonizarnos con la vida del alma, y para lograrlo es necesario incrementar el poder del chakra corazón. Sin embargo, ese poder no podrá manifestarse en el mundo material si no creamos un vehículo inferior en condiciones de proyectar la luz del alma. Eso significa que es preciso despertar y equilibrar los chakras raíz, sacral y del plexo solar para después alinearlos y lograr que trabajen de una manera integrada.

Te pongo un ejemplo: imagina una persona con un chakra corazón perfectamente despierto, que está lleno de amor en su máxima intensidad. Si ese amor no logra alimentar la razón de esa persona (chakra plexo solar), entonces no experimentará pensamientos virtuosos basados en el amor. Incluso si el chakra del plexo solar estuviera bien despierto y alineado, esos pensamientos amorosos no podrían convertirse en nada más si nuestras emociones no paran de dar saltos de un extremo a otro, entre lo tóxico y lo positivo (lo que significa un chakra sacral bien despierto y alineado). Incluso si lograra ese alineamiento, unos pensamientos movidos por el amor, y transformados en emociones amorosas, no darán lugar a nada más si no los convertimos en palabras y acciones que se reflejen en el mundo físico, y para ello necesitamos una buena y estable conexión con el plano material, lo que se traduce en un chakra raíz bien despierto y alineado.

Este proceso puede llevar una vida, y está más allá del alcance de este libro. Sin embargo, como mínimo vas a encontrar herramientas para despertar esos centros energéticos, y eso representa una contribución mucho mayor de lo que *a priori* puedas imaginar.

Me permito mencionar una asociación más: si estudias la cábala (en cualquiera de sus vertientes) debes saber que, en árbol de la vida, los chakras pueden asociarse a diferentes sefirot. Por ejemplo, el chakra corona está relacionado con la sefirá homónima, *Kether*, que significa precisamente corona; mientras que el chakra corazón se asociaría con *Tiferet*, por darte unos ejemplos. Si te interesa el tema, te dejo el ejercicio de descubrir los demás.

Ahora que conocemos mejor los chakras, ¡vamos a despertarlos!

Activar los chakras con la respiración

Quiero aclararte que dependiendo de la tradición que sigas, existen muchas formas de trabajar con los chakras. Por ejemplo, en el yoga es posible (entre otras formas) emplear *asanas* (posturas corporales). Ningún método es mejor que otro; sencillamente, tú debes elegir lo que prefieres y lo que te funciona mejor, e incluso puedes combinar varias técnicas. Aquí seguiremos una aproximación razonable, que consiste en construir sobre lo que hemos trabajado hasta ahora en esta obra y, por lo tanto, vamos a basarnos en el poder de la respiración. Empezaremos por ahí, y luego aportaremos un poco del poder de la visualización, sin todavía añadir otros elementos. Los colores y el sonido los agregaremos en la sección siguiente de este capítulo.

El procedimiento de meditación es el mismo para activar cualquiera de los siete chakras. Mi recomendación es que sigas un orden. Encuentro muy adecuado trabajar un chakra cada día:

- Lunes: raíz.
- Martes: sacral.
- Miércoles: plexo solar.
- Jueves: corazón.

- Viernes: garganta.
- Sábado: tercer ojo.
- Domingo: corona.

Las instrucciones de meditación para despertar un chakra —me refiero a elevar su nivel energético y vibratorio— son las siguientes:

1. **Lleva tu foco de atención mental** a la zona en que se ubica el chakra.
2. **Visualiza en esa zona una esfera de luz brillante,** como una especie de sol. Por el momento, puedes darle el color que desees.
3. **Deja que la respiración vaya a su propio ritmo, y obsérvala** durante unos treinta segundos en la zona del chakra en cuestión, como si esa esfera luminosa fuera la que estuviera respirando.
4. Ahora, **con cada ciclo completo de respiración** (inspiración y espiración), **siente cómo la esfera se va volviendo cada vez más brillante.** En este paso, se trata de respirar conscientemente, inhalando y exhalando lentamente, de una forma que te resulte cómoda y no te produzca la menor molestia.
5. Repite el proceso del paso cuatro durante siete ciclos completos de respiración.
6. Termina la práctica.

Como explicaba más arriba, te recomiendo aplicar esta técnica a un chakra cada día. Además, te aconsejo que el domingo hagas algo adicional: tras practicar con el chakra corona, vuelve a activar todos los chakras secuencialmente, desde la raíz hasta la corona, pero en una versión «rápida», detente tres ciclos de respiración en cada chakra, en lugar de siete. Cuando termines, visualiza un rayo de luz que desciende desde el infinito y entra en contacto contigo en el chakra corona, para después continuar descendiendo a través de ti y atravesando todos los chakras, uno por uno (corona, tercer ojo, garganta, etc.), hasta llegar al chakra raíz. Visualiza ese rayo descendiendo en línea recta y, por lo tanto, alineando todos los chakras perfectamente y comunicando la energía de unos a otros. Por último, visualiza cómo ese rayo se extiende hasta perderse en el infinito debajo de ti. Dicho de otra forma, se trata de que un rayo de luz perfectamente lineal que viene del infinito por arriba te atraviese verticalmente a través de los chakras y se pierda en el infinito por debajo de ti.

En esta práctica no hemos empleado todavía los colores de los chakras. Es una especie de aproximación por etapas, por lo que antes de añadir colores, tal como se explica en la sección siguiente, te recomiendo que durante un par de semanas practiques esta técnica como se ha presentado.

Añadir sonido y color

Cuando ya tengas cierto dominio de la técnica explicada en la sección anterior, será un buen momento para añadir el poder del sonido y el color. Con solo un par de diferencias, el procedimiento es el mismo:

- Cuando en el paso dos visualices la esfera de luz, emplea el color propio del chakra con el que estés trabajando (por ejemplo, violeta para el chakra corona).
- Cuando realices el paso cuatro, entona (vocal o mentalmente, como prefieras y la situación te permita) el mantra correspondiente al chakra en cuestión. Trata de que el sonido del mantra se extienda para ocupar la duración del ciclo de inspiración y espiración Si lo prefieres, y en especial si lo estás entonando vocalmente, puedes limitar la entonación a la fase de exhalación.
- A partir de aquí, ya puedes quedarte con la técnica completa para incluir el color y el sonido. Digamos que tal

como ha sido expuesta en la sección anterior, la técnica era un paso preparatorio para llegar hasta el presente formato, que es todavía más poderoso.

Avivar el corazón espiritual

En el marco del cristianismo ortodoxo existe una práctica muy antigua —que procede del cristianismo primitivo del siglo IV y que encontró su apogeo doctrinal entre los siglos XIII y XIV— llamada hesicasmo. El término tiene su origen en el vocablo griego *hesykhia*, que significa «quietud, silencio, paz interior...». Hoy en día todavía se practica en el monte Athos, en Grecia, y en algunos monasterios ortodoxos. Si te interesa el tema, te recomiendo mucho leer, en primer lugar, el libro *Relatos de un peregrino ruso*[1] y luego pasar a *La filocalía*.[2]

Aunque también he tratado este tema en algunos libros que preceden al que tienes en tus manos, es perfectamente posible que no los hayas leído, y sería injusto privarte de conocer una práctica muy poderosa. Por consiguiente, para compartir la técnica contigo, he decidido incluir en este capítulo esta sección.

Para evitar confusiones, quisiera aclarar que aquí voy a compartir una práctica que no es —formal, exacta y estrictamente hablando— la propia del hesicasmo. Sin embargo, está inspirada en gran medida en esta última. Si la realizas con frecuencia, te darás cuenta de que proporciona una experiencia única y te llena de paz interior, te refuerza para afrontar el estrés y las situaciones adversas sin perder la calma, así como muchas ventajas más. Al principio no es sencillo, y puede que te cueste horrores, pero merece la pena. Y, ¿quién sabe...?, quizá un día llegues a experimentar momentos contemplativos, de comunión mística con tu identidad superior o con niveles superiores —algo más en línea con los obje-

1. VV. AA., *Relatos de un peregrino ruso a su padre espiritual*, 8.ª edición, Edibesa, 2005.
2. VV. AA., *La filocalía*, Asociación Bendita María, 2013.

tivos finales de la práctica para los monjes cristianos que la trabajan día a día; de hecho, ellos persiguen la unión mística con la divinidad misma—. Si tienes alguna de esas experiencias, puede que sean más o menos duraderas, pero lo que es seguro es que te dejarán una huella indeleble y te transformarán desde dentro.

Se practica como sigue:

1. **Selecciona un mantra, afirmación o pequeña oración** con el que sientas una gran conexión espiritual. Un ejemplo sería el *om*. También podrías preferir el nombre de alguna figura espiritual muy relevante (por ejemplo, hay quienes emplean el nombre de Jesús). No hay reglas, tú decides lo que empleas, pero es importante que para ti las palabras tengan «fuerza» espiritual. En resonancia con el hesicasmo, hay quienes emplean oraciones del tipo: «Señor Jesús Cristo, hijo de Dios, ten piedad de mí que soy pecador», que se puede leer en *Relatos de un peregrino ruso*.[3]
2. **Aplica la técnica para despertar el chakra corazón** tal como se ha presentado en las secciones anteriores (utilizando sonido y color).
3. **Permanece con la atención en el chakra corazón,** observa allí la respiración, sin intervenir en ella ni forzarla de ninguna forma. Hazlo durante unos treinta segundos.
4. **Abandona la visualización de la esfera luminosa,** y sencillamente siente la energía que hay allí, en el centro del pecho. Tómate el tiempo necesario hasta que lo sientas.
5. **Deja que la respiración siga su ritmo, y obsérvala en el centro del pecho** como si fuera tu corazón el que respira (y no me refiero al órgano físico, sino a su contrapartida espiritual). Dedica el tiempo que consideres necesario a este paso.
6. Ahora, **cada vez que venga un ciclo de respiración** (inspiración y espiración), **sin salir del corazón, entona o recita el**

3. *Op. cit.*

mantra, frase u oración que hayas elegido. Adapta la duración de la entonación de forma que tu mantra ocupe la duración de todo el ciclo de respiración. Si lo deseas, también puedes usar el mantra únicamente durante la exhalación.

7. **Si tu mente se distrae con cualquier cosa, repite mentalmente tu mantra** y sencillamente vuelve al paso cinco lo antes posible.
8. **Sigue repitiendo los pasos del cinco al siete** hasta que decidas terminar la práctica.

Como habrás podido apreciar, la respiración y los chakras tienen un poder enorme para transformar tu vida y convertirte en un ser nuevo, literalmente. ¡Pero todavía hay mucho más que podemos hacer con la concentración! Una de las ventajas que ya vimos en un capítulo anterior consiste en que puedes mejorar tu memoria. En el capítulo siguiente nos detendremos en ese aspecto tan poderoso y útil.

Capítulo 6

Mejorar la memoria

Imagina que estás en una reunión de trabajo, y te presentan a varias personas nuevas. Más tarde, cuando necesitas dirigirte a alguien, te das cuenta de que no recuerdas su nombre. ¿Te ha pasado alguna vez? Esta situación tan común y a la vez tan frustrante es solo un ejemplo de cómo una memoria débil puede impactar negativamente en nuestra vida diaria. La buena noticia es que hay una solución: la concentración mental. En este capítulo te desvelaré cómo entrenar la mente no solo para recordar nombres, sino también para retener fechas, datos importantes y cualquier otro caso de uso que se te ocurra, y transformar tu memoria en una herramienta poderosa y confiable. Prepárate para descubrir en estas páginas técnicas prácticas que revolucionarán tu capacidad de recordar gracias al poder de la concentración.

Como estudiamos en capítulos anteriores, la concentración es fundamental para mejorar la memoria. Sin una dirección consciente de nuestra energía mental, retener y recuperar información se vuelve un desafío. De hecho, se vuelve casi imposible, pues tanto para retener como para recuperar la información, la memoria no puede funcionar sin dirección consciente de la energía mental. Las prácticas de concentración que hemos discutido hasta ahora y las que aún están por venir son herramientas poderosas para potenciar la memoria. Aunque breve, este capítulo tiene un propósito crucial: compartir contigo técnicas únicas en las que memoria y concentración se fortalecen mutuamente. Prepárate para descubrir métodos sorprendentes que te permitirán llevar tu capacidad de recordar al siguiente nivel.

La retrospectiva nocturna

Comenzaremos por una técnica muy poderosa que se pierde en la noche de los tiempos, pensada para practicarla diariamente. En esencia, consiste en recapitular los principales acontecimientos del día. Está presente en numerosos senderos esotéricos, y algunos dicen que Pitágoras la enseñaba a sus discípulos. En mi opinión, creo que es posible que este gran iniciado la aprendiera en Egipto. En cualquier caso, se trata de una práctica que da unos resultados excelentes, y refuerza al mismo tiempo la memoria y la concentración.

Esta práctica no solo puede mejorar tu calidad de sueño, sino que también juega un papel crucial en el proceso de equilibrar nuestra deuda kármica, vital para el desarrollo espiritual personal y colectivo. Compensar tu karma no solo beneficia tu propio crecimiento, sino que contribuye a aligerar la carga kármica de la humanidad en su conjunto.

Lo ideal es practicar esta técnica al final del día, cuando estás en disposición de descansar, preferiblemente en posición tumbada (para facilitar la relajación). Sin embargo, si prefieres practicar en otro momento o en una postura diferente de meditación, te recomiendo mantener la espalda recta para maximizar los beneficios. Vamos a ver cómo se practica:

1. **Comienza relajando el cuerpo durante unos instantes.** Puedes utilizar, por ejemplo, la técnica basada en la respiración que vimos en un capítulo anterior.
2. **Visualiza los acontecimientos principales que has vivido durante la jornada.** Si no lo estás haciendo por la noche antes de dormir, visualiza los acontecimientos vividos en las últimas veinticuatro horas. Aquí viene un detalle importante: no lo hagas en sentido cronológico directo, **sino inverso.** Me explico: no empieces visualizando lo que hiciste al levantarte para luego recorrer lo que has hecho durante el día

hasta acostarte. Se trata de hacerlo al revés; es decir, siguiendo el tiempo «marcha atrás». Comienza por lo más reciente que has hecho, y retrocede en el tiempo hasta llegar a veinticuatro horas antes. No es necesario visualizar todos y cada uno de los acontecimientos. Es suficiente con centrarte en los sucesos más significativos.

3. **Detente en cada acontecimiento importante y revívelo en tu mente.** Tanto si lo que hiciste estuvo bien como si no, trata de sacar todas las posibles lecciones aprendidas, y emprende las acciones necesarias para seguir aprendiendo y mejorando para enmendar tus errores y evitar que se reproduzcan en el futuro. Por ejemplo, es posible que te des cuenta de que deberías pedir perdón a alguien, o poner más energía en algún área de tu vida que tienes un tanto olvidada, o cambiar tu forma de reaccionar ante determinadas situaciones, o seguir mejorando algo que ha comenzado muy bien y podría convertirse en un éxito, por darte solo algunos posibles ejemplos.
4. **Si hay algo de lo que te arrepientes, detente un poco en ello.** Siente verdadero arrepentimiento y el deseo de enmendar el error. Eso ya representa una gran parte de la solución. Visualiza qué podrías haber hecho en su lugar, y comprométete a hacerlo mejor en el futuro. Después, comprométete a entrar en acción para solucionar el error y evitar que se repita.
5. **Si hay algo por lo que sientes alegría, disfruta de ello porque lo mereces.** ¡Y no olvides desarrollar acciones para lograr que siga ocurriendo y que no deje de mejorar!
6. **Cuando al recorrer las últimas veinticuatro horas tu visualización culmine,** concéntrate en tu respiración durante unos minutos.

Lo más habitual es quedarse dormido antes de terminar, y eso es genial. Sea cual sea el resultado, es un trabajo enorme, y no tengas duda de que estás entrenando la concentración, la memoria, y mejorando como ser humano en su sendero de evolución espiritual.

La retrospectiva a largo plazo

Un ejercicio muy eficaz para entrenar la memoria, que te recomiendo realizar con cierta regularidad —lo ideal es cada semana—, es el siguiente:

1. Practica durante tres o cuatro minutos uno de los ejercicios de concentración basados en la respiración del capítulo 4.
2. Haz un esfuerzo por visualizar, con la mayor claridad posible, en orden cronológico los acontecimientos que has vivido durante la última semana. No es necesario que te detengas en cada detalle, sino más bien en lo que haya resultado más relevante. Es importante que te esfuerces por revivirlo en tu mente con la mayor claridad posible.
3. Permanece durante un par de minutos en un estado de receptividad, sin buscar nada concreto, sin analizar, sin juzgar... Solo deja que llegue cualquier impresión a tu «pantalla» mental, y no la manipules de ningún modo. Solo observa...
4. Cuando llegue el momento, termina la meditación.

Al principio puede resultar duro arrancar, e incluso puede darte pereza, es normal, puesto que implica un esfuerzo considerable, pero te garantizo que merece la pena. Si persistes, no tardarás en sentir una mayor comodidad, e incluso algún día te sorprenderás realizándolo de forma espontánea en tu día a día. Además, es posible que, en esos momentos de receptividad del tercer paso, un día empieces a tener experiencias reveladoras.

Mi consejo es que para hacer este ejercicio fijes un día a la semana. No debería quitarte más de diez minutos, pero te aseguro que representarán una inversión maravillosa en tu desarrollo personal y espiritual. La memoria es una facultad imprescindible en todo sendero de desarrollo espiritual, puedes darlo por seguro. Una opción razonable consiste en hacerlo el domingo, o incluso el lunes de cada semana, para así rememorar la semana anterior completa. Sin embargo, esto no es —en absoluto— obligatorio, y puedes hacerlo en el día y hora que tú decidas. Lo verdaderamente importante es hacerlo con regularidad.

Te aconsejo llevarlo todavía más allá. El último día del mes que te dispongas a hacer este ejercicio, dedícalo a visualizar la semana anterior, como hemos visto, pero después compleméntalo con una revisión mental del mes completo. Es un esfuerzo mayor, está claro... ¡Llega a agotar solo de pensarlo! Pero, de nuevo, es uno de esos esfuerzos que merecen mucho la pena. Cabe decir que cuentas con cierta ventaja, puesto que llevas cuatro semanas consecutivas entrenando con el ejercicio de memoria semanal antes visto. De esta forma, resulta viable integrar esas cuatro prácticas en una visualización del mes, y estoy seguro de que vas a lograrlo.

Tendrás que perdonarme, y no te asustes..., ¡pero te voy a pedir aún más! Cuando llegues a la práctica semanal que coincida con el final de un trimestre, complementa el ejercicio con una visualización de esos tres últimos meses. De nuevo, ¡no dejes que el ego te empuje a quejarte! ¡Recuerda que cuentas con la misma ventaja! ¡Llevas tres meses recordando cada semana, y recordando cada mes cuando termina! Por favor, no partas de prejuicios sobre tu propia capacidad ni te impongas barreras que no existen. ¡Estás en las condiciones perfectas para hacerlo, y tu memoria está mucho mejor entrenada de lo que puedas pensar! Pruébalo, y es muy probable que te asombres con los resultados.

¿Imaginas qué voy a pedirte ahora? ¡Seguro que ya lo has adivinado! Al final del año, te recomiendo hacer un repaso visual del período completo en tu pantalla mental. Es un ejercicio increíble que jamás olvidarás, te proporcionará una sensación que no puede describirse con palabras. Además, te permitirá fijarte objetivos y metas para el año siguiente con mucha mayor efectividad y realismo, ¡garantizado que va a sorprenderte! Desde hace décadas, un servidor suele hacerlo el día de Nochevieja o el primer día del año, y debo reconocer que costaba decidirse, sobre todo los primeros años, pero después se convirtió en un auténtico placer. ¡Por eso te lo recomiendo, porque deseo lo mismo para ti!

¿Crees que no me voy a atrever a más? ¡Si es así, te equivocabas! En efecto, te recomiendo que al final de cada década hagas una retrospectiva de esos diez años precedentes. ¡Ni se te ocurra quejarte! No podrás decir que se te pide tanto, porque solo se hace una vez cada diez años... Y, por si fuera poco, tendrás diez años de intensa práctica detrás, ¡por lo que el éxito estará absolutamente garantizado! Obviamente, me refiero a ir deteniéndote en los acontecimientos más significativos, y no en realizar una retrospectiva día por día. Te felicito por adelantado por la supermemoria que vas a desarrollar. Y también ten por seguro que entenderás —sin que sea necesario que te adelante ninguna justificación— por qué la memoria es tan importante en el crecimiento espiritual.

El refuerzo de los chakras

Podemos aprovechar todo lo aprendido y practicado en capítulos anteriores acerca de los chakras para multiplicar todavía más la eficacia de los ejercicios presentados en las secciones precedentes. En particular, te recomiendo activar los chakras tercer ojo y corona, ya que —como vimos en el capítulo anterior— están vinculados con las glándulas pituitaria y pineal; estas —más allá del nivel meramente físico— tienen una íntima conexión con la subconsciencia universal, que no deja de constituir el soporte de la memoria del universo, que los antiguos denotaban con diversos nombres, y es conocido el de «registros *akáshicos*». Precisamente, el término *akáshico* deriva del sánscrito *akasha*, que tiene que ver con el plano etérico; es decir, el que se sitúa más allá del plano vibratorio de la materia —el más denso y grosero de todos los existentes— y por debajo de los niveles vibratorios propios del plano que comúnmente se llama astral. En su contrapartida etérica, los dos centros mencionados (corona y tercer ojo) tienen una gran conexión con esa subconsciencia universal de la que te hablaba, lo que significa que —necesariamente— tienen que ver con la memoria. Y no solo tienen conexión con la memoria individual, sino con la colectiva de la humanidad y con la memoria del universo.

Para aplicarlo, te aconsejo añadir el ejercicio de activación de los chakras que aprendiste en el capítulo 5, aplicado a los dos centros antes mencionados. Un buen momento para hacerlo es justo después del primer paso expuesto en los ejercicios de la sección anterior. De esta forma, entrarás en la esencia de dicha práctica con mucha mayor preparación. Y si quieres hacerlo todavía más completo, te recomiendo añadir el chakra plexo solar, que también juega un papel importante en la mente concreta y en la capacidad de procesar información de manera lógica y organizada. Al incluirlo en las prácticas para mejorar la memoria, se puede potenciar aún más el equilibrio y la integración de las capacidades mentales.

Antes de pasar al próximo capítulo, quería remarcar que hay muchas prácticas que se pueden llevar a cabo durante el vivir diario y que repercuten en una mejor memoria. Encontrarás varias de ellas —junto con otras técnicas de concentración cotidianas— en un anexo al final del libro, al que llegaremos más tarde.

En general, te animo a que aproveches cualquier ocasión que te brinde la vida para ejercitar la memoria. Ten presente que nunca —jamás— va a ser una pérdida de tiempo. Me permito insistir en que, aunque no veas los efectos de forma inmediata, estarás aportando un empujón enorme a tu desarrollo espiritual.

También quería adelantar que en un próximo capítulo abordaremos la meditación con símbolos, y una de las aplicaciones será mejorar la memoria. De esta forma, podrás complementar lo que has aprendido en el presente capítulo con otra técnica de meditación que apoyándote en los símbolos adecuados llevará los resultados más lejos. Para ir preparando el terreno para que dicha técnica resulte realmente eficaz, te invito a que practiques sin demora y con constancia los ejercicios de memoria que hemos aprendido aquí.

Capítulo 7

Concentración y visualización

La visualización creativa, un poderoso motor para transformar tus sueños en realidad, tiene en la concentración a su mejor aliada. Imagina por un momento que cada pequeño avance en tu capacidad de concentración se traduce en una mayor claridad y eficiencia para visualizar tus metas. Para que la visualización funcione es fundamental ser capaz de mantener en tu mente la imagen de lo que deseas lograr.

La concentración no solo mejora tu capacidad de visualización, sino que también crea un entorno mental óptimo, libre de distracciones y con una estabilidad que te permite enfocarte en tus objetivos con mayor intensidad. Además, este proceso es recíproco: al practicar la visualización, también estás entrenando y fortaleciendo tu concentración.

Vamos a comenzar este emocionante viaje trabajando nuestra capacidad de visualizar a partir de la memoria. Para perfeccionar esta habilidad fundamental empezaremos reconstruyendo mentalmente imágenes que ya conocemos. Luego, daremos el salto a la visualización creativa, en la que usaremos nuestra imaginación para diseñar mentalmente lo que aún no hemos visto, pero que anhelamos convertir en realidad.

Prepárate para descubrir el increíble poder de tu mente y cómo la combinación de concentración e imaginación puede llevarte a alcanzar lo que siempre has soñado. ¡Es hora de ponerse en marcha y dar el primer paso hacia un futuro lleno de posibilidades!

Utilizar un soporte visual

Antes de entrar en prácticas más avanzadas, es necesario entrenar la capacidad de construir mentalmente una imagen de algo que ya conocemos y ser capaces de sostenerla en la mente sin distracciones durante un tiempo. Necesitamos partir de una imagen conocida que reconstruir.

Te propongo utilizar como punto de partida un arcano del tarot. Será el soporte inicial y, más tarde, en un capítulo siguiente, llevaremos la práctica más lejos. Aquí no vamos a utilizar el arcano con su profunda finalidad simbólica —que conecta lo material con lo espiritual—, sino únicamente como una herramienta gráfica para practicar la visualización. En el capítulo siguiente nos orientaremos más hacia el desenvolvimiento espiritual. Sin embargo, antes de llegar a ese nivel, resulta clave disponer de una capacidad de visualización mínimamente entrenada, y ese es el objetivo del presente capítulo. Los arcanos del tarot ofrecen una herramienta estupenda para tal propósito. En particular, te propongo que emplees un arcano del que ya hemos hablado, y que tiene un vínculo muy estrecho con el tema central de este libro: el mago. Te recomiendo utilizar la versión del tarot de Rider-Waite.[1]

Si consideras que tu capacidad de visualización es todavía limitada —es decir, si te cuesta horrores visualizar con claridad y retener imágenes en tu mente—, quizá sería buena idea que empieces por emplear algo que hayas visto muchas veces y conozcas muy bien, como podría ser tu habitación, una persona cercana, tu mascota, etc. Más tarde, cuando ya hayas experimentado mejoras, podrás pasar a utilizar el arcano del tarot.

El ejercicio es el siguiente:

1. Si no dispones de un tarot, puedes hacer unas búsquedas en internet, te resultará fácil encontrarlo en forma de imagen.

1. **Comienza la práctica** de la forma habitual.
2. **Abre los ojos** y coloca ante ti el arcano del mago.
3. **Míralo atentamente reparando en todos los detalles.** Pero solo mira... No analices nada, ni intentes explicar el más mínimo detalle. Se trata solo de mirar. Fíjate en todos los detalles del arcano que puedas: formas, colores, objetos, etcétera. Haz esto durante un par de minutos.
4. **Cierra de nuevo los ojos, y trata de reconstruir la imagen del arcano en tu mente.** Poco a poco, añade a tu imagen mental los diferentes elementos que componen el arcano. No olvides aportar también los colores correspondientes, que puedo garantizarte que no fueron puestos allí por casualidad. El color es vibración, y los colores de este arcano están en armonía con las vibraciones propias de los principios y leyes espirituales con las que este símbolo trata de armonizarte. En general, no hay nada en ese arcano —ni el más insignificante detalle que puedas considerar— que esté ahí por casualidad. Por consiguiente, resulta muy importante que te esfuerces en crear una imagen lo más precisa posible. Si no lo consigues hoy, irás mejorándolo mañana, ¡no te preocupes por eso!
5. **Cuando tengas la imagen construida en tu mente, congélala, fíjala... ¡Agárrala!** ¡Que no se te vaya! Mantenla en tu «pantalla» mental todo lo que puedas. Si las primeras veces logras mantenerla más de quince segundos significa que estás progresando muy bien. El reto es seguir practicando hasta llegar a medio minuto, y luego a un minuto completo. Eso ya es mucho, es un desafío para trabajar tu capacidad de visualización y al mismo tiempo entrenar la concentración. Pero ¡atención...!, no significa que si no eres capaz de aguantar la imagen durante un minuto el ejercicio haya fracasado. De hecho, la duración es algo que te doy tan solo como referencia, pero no se trata de que vayas contándolo, porque te distraerías y el ejercicio se estropearía. Si tienes alguna forma de

medirlo que no te interrumpa, adelante, en caso contrario, déjalo estar. Lo que en realidad importa es que con la práctica vayas aguantando más tiempo, eso es todo.

6. **Si te distraes antes de lo previsto,** vuelve al paso cuatro (o al tres si sientes que es lo apropiado). Hazlo como máximo tres o cuatro veces.
7. **Termina** el ejercicio.

Es posible que en algunas sesiones de práctica te distraigas enseguida y no logres completar el paso cinco. Tal como se explica en el procedimiento, si lo intentas tres veces (o cuatro si quieres) y no lo logras, es mejor que lo dejes estar. No significa que hayas fracasado. Esos episodios nos pasan a todos, porque somos seres humanos. Además, esas situaciones forman parte del entrenamiento; son como las pesas del gimnasio mental en el que te estás entrenando. Si has luchado con ellas tres o cuatro veces, eso ya representa un esfuerzo muy importante, y significa que estás fortaleciendo tu músculo mental de la visualización. Descansa hasta la próxima práctica y déjale tiempo para que se desarrolle, no te desanimes y, sobre todo, sigue practicando con regularidad. ¡Ánimo!

Te invito a practicar el ejercicio anterior durante al menos una semana —si son dos, mucho mejor— para después pasar a complicar un poquito más la práctica. En concreto, se trata de que al final del paso cuatro conviertas mentalmente la imagen en tridimensional. Puedes verla desde el ángulo que prefieras, pero debe tener anchura, altura y profundidad, tal como la verías si estuviera ante ti en el mundo tridimensional de cada día. Conviene extender este ejercicio también durante una o dos semanas, hasta que sientas que te resulta más accesible.

Cuando lo logres, todavía es posible dar un paso más. Se trata de rotar mentalmente esa imagen tridimensional, viéndola desde diferentes ángulos —desde arriba, abajo, moviéndote alrededor, volando sobre ella, etc.—. Además de girar la imagen, aléjate y acércate a ella. No te limites únicamente a mover la imagen en tu espacio mental tridimensional alrededor de ti; muévete tú también y observa la imagen desde diferentes puntos de observación. Te recomiendo continuar el tiempo necesario con el ejercicio hasta que sientas que lo controlas.

Finalmente, cuando tengas lo anterior bajo control, juega a cambiar los colores de la imagen. Prueba a cambiar diferentes objetos de color. También puedes jugar con el fondo, etc. Y cuando hagas modificaciones, asegúrate de ser capaz de sostener la imagen en tu pantalla mental.

Estos ejercicios pueden parecer tediosos y, desde luego, requieren semanas de práctica. Pero no tengas prisa. Realmente merece la pena tomarte el tiempo que necesites, porque llegarás a los próximos ejercicios con una base muy sólida sobre la que seguir construyendo. Y cuando leas y practiques el próximo capítulo, multiplicarás considerablemente el poder de los resultados.

Movernos en nuestro propio mundo

Con el entrenamiento que has logrado en la sección anterior, has sentado muy buenos pilares sobre los que sostener facultades todavía más poderosas y que es preciso desarrollar. Ahora no vamos a construir mentalmente la imagen de algo que hemos visto antes, como hacíamos con el arcano. Tampoco vamos a llegar a crear algo que queremos materializar. Sin embargo, vamos a dar un paso intermedio en el que vas a practicar el arte de crear tu propio mundo mental y moverte libremente en él.

Tal capacidad permite lograr mejores resultados cuando llegue el momento de visualizar creativamente para hacer realidad tus sueños. También es muy poderosa para llevar a cabo con eficacia otras prácticas meditativas —que no son pocas, y luego veremos alguna— basadas en la visualización. En esas prácticas —como en la que vamos a aprender aquí— hay cierta creatividad, ya que debes construir un escenario mental que no has visto antes dibujado en ninguna parte. Sin embargo, las especificaciones para crear esa imagen mental no están originadas en ti mismo, sino que te vienen dadas, aunque sea de forma muy general, y tu «diseño» mental debe cumplir con esas exigencias. Esto es lo que nos pasa a los ingenieros cuando tenemos que diseñar un sistema, ya que hay muchos requisitos y condiciones de contorno que cumplir, que no siempre resultan cómodos, y a veces incluso se consideran inviables o conducen a un proyecto más caro, con menor calidad o que duran más. Vamos a hacer un ejercicio muy útil y potente en el que te voy a encargar un diseño mental con ciertas especificaciones y vas a moverte en él:

1. **Comienza la práctica** de la forma habitual.
2. **Permanece con los ojos cerrados, y construye mentalmente un paisaje imaginario.** Tiene que ser de tal manera que te sientas superbien en él. Debe transmitirte una gran serenidad. Puede que prefieras una playa, o quizá un desierto, o caminar sobre una nube. Tú decides cómo construirlo, pero el requisito clave es que sea amplio y te permita mirar hacia la lejanía. Por el momento, construye el paisaje sin añadir nada más. Asegúrate de verlo con claridad y sostenerlo en tu mente sin distracciones.
3. **Ahora añade a tu entorno mental los objetos que desees:** casas, otras construcciones, personas, etc. Pon lo que desees, hasta el número de elementos que te permita mantener la imagen mental sin crearte complicaciones. Si añades un número excesivo de detalles, llegará un punto en el que te costará mantener la imagen (todos nos saturamos en algún punto, y el objetivo no es llegar a ese extremo). Llega hasta el número de elementos que te resulte posible, y estará perfectamente bien.

4. **Ahora en ese escenario mental, mira hacia la lejanía.** Puedes ver, todavía muy pequeña, una esfera brillante de luz blanca que se encuentra muy lejos, en el horizonte. Se encuentra flotando sobre el suelo.
5. **Comienza a caminar lentamente hacia la esfera.** Poco a poco, conforme te vas acercando, el objeto va adquiriendo una forma más definida y se va haciendo más grande.
6. **Finalmente, llegas hasta esa esfera luminosa y la contemplas ante ti.** Sabes que es una esfera de luz en el más puro sentido espiritual, que puede transmutar y regenerar positivamente todo tu ser en todos sus planos. Siéntelo así.
7. **Entra en la esfera.** Visualízate dentro de ella. Siente cómo esa luz te «baña» y te regenera. Mantente dentro el tiempo que estimes necesario.
8. **Ahora sal de la esfera, y siente cómo te has llenado de luz.** Siente que te has regenerado en todos los planos de tu ser. Después, mira hacia el cielo. En la lejanía puedes observar la Tierra, nuestro planeta.
9. **Envía parte de esa luz hacia la Tierra,** proyecta un rayo que llega a nuestro planeta y lo envuelve con su luz. Siente cómo la Tierra se regenera, y con ella toda la vida que hay en ella. Siente cómo estás compartiendo luz y amor con toda la humanidad.
10. **Aléjate paulatinamente,** y observa cómo la Tierra se va haciendo más pequeña y perdiéndose en el horizonte.
11. **Abandona la visualización.** Permanece durante un par de minutos en un estado de receptividad, sin buscar nada, sin razonar, sin analizar, sin juzgar... Solo observa las impresiones que lleguen a tu pantalla mental, sin manipularlas de ningún modo.
12. **Termina la meditación** cuando lo estimes apropiado.

Puedo asegurarte que el ejercicio anterior no es un sencillo juego de crear imágenes. Cuando lo practicas, estás creando formas mentales en los planos superiores. Estás creando causas que darán lugar a efectos en dichos planos, y te irás entrenando para estar en disposición de actuar como un canal capaz de traer esos efectos al mundo material.

La visualización creativa

Llega el momento de abordar el poder que inicia el proceso que puede hacer nuestros sueños realidad. La certeza de que para crear algo en el mundo material primero hay que verlo en la mente, se pierde en la noche de los tiempos. Si lo miras al revés, es todavía más evidente: todo lo que han creado los seres humanos ha comenzado, necesariamente, en la mente de estos. Obviamente, después hay un proceso, y la acción es necesaria, ¡faltaría más! Pero que se comienza en la mente es indiscutible. Incluso si adoptáramos una postura tan materialista como para reducir la mente a un conjunto de neuronas, señales eléctricas, secreciones químicas, etc., no podríamos negar jamás que los pensamientos son inmateriales. No se pueden tocar, y eso es innegable, por lo que son intangibles. Por lo tanto, tal como sabían muy bien los sabios del pasado, es más que obvio que todo lo que el ser humano crea en el plano material ha comenzado en un plano inmaterial.

El proceso para convertir una imagen mental en una realidad en el mundo material requiere de muy extensas explicaciones y va más allá del alcance de esta obra. Sin embargo, por muchas obras que consultes —y parto de la hipótesis de que consultarás fuentes fiables— no lograrás demasiado en la práctica si no dominas la visualización creativa.

Las secciones anteriores te han ayudado a entrenar unas sólidas capacidades que permiten aplicar la visualización creativa con eficiencia. Mediante el siguiente ejercicio vamos a aprovechar todo ese trabajo para poner en práctica dicha facultad:

1. Comienza la meditación como de costumbre.
2. Dedica unos instantes a definir con claridad qué deseas hacer realidad. Asegúrate de que el objetivo no haga daño a otras personas, seres vivos en general, tu planeta... No te obsesiones con esto, no existe ninguna razón ni buena ni válida para llegar a los extremos; no obstante, merece la pena detenerse y hacer un análisis muy sincero, sin engañarte. Si tu deseo aporta bien a otras personas, entonces te aporta a ti, eso es indudable —si no llegas a comprender lo anterior, significa que aún operas desde el ego, y deberías corregir eso antes de proceder—. Insisto: evita las obsesiones innecesarias. Se trata de que analices con toda la sinceridad del mundo si tu deseo viene realmente de tu corazón o si solo intenta satisfacer la sed de tu ego. Se trata de querer servir con la genuina voluntad de no hacer daño a nadie, y no servirse, esa es la cuestión... No hay ningún método ni fórmula para saberlo de forma objetiva, pero si lo consideras desde el corazón, sabrás perfectamente lo que estás haciendo. Lo que te pido es razonable: ser lo menos egoísta que puedas al pedir, y tratar de no hacer daño a los demás. Todos los esfuerzos que puedas realizar en ese sentido siempre serán buenos, y no hay razón alguna para bloquearse innecesariamente. En pocas palabras: buena voluntad y sentido común.
3. Con tus propias palabras, formula mentalmente lo que deseas. Tiene que ser muy breve y específico. Trata de ir lo más directo al grano posible, con tan pocas palabras como seas capaz. No describas *cómo* vas a conseguirlo, ni *cuándo* ni *dónde*. Especifica exclusivamente *qué* quieres conseguir. Cuando lo tengas, escríbelo en una hoja.
4. Practica la técnica del «para qué», que suelo explicar en mis libros y conferencias —y aquí no puedo hacer una excepción—. Lee el deseo que has escrito y pregúntate ¿para qué? Después trata de responder con la máxima sinceridad. A la respuesta, pregúntale de nuevo ¿para qué? Y responde de

nuevo. Repite el proceso hasta que no sepas qué más contestar. Es probable que termines redefiniendo tu deseo o incluso cambiándolo, y siempre será para mejor. El objetivo de esta pregunta es otorgar un sentido de propósito a tu deseo, algo esencial. Por ejemplo, imagina que deseas quinientos mil euros. Cuando te preguntes para qué, quizá te des cuenta de que es para comprar una casa enorme. Y cuando te lo preguntes de nuevo, podría ser, por ejemplo, para tener una vida de familia muy bonita en la casa de tus sueños. Entonces, lo que deseas no son quinientos mil euros. Eso solo es un medio para conseguir lo que en realidad quieres, que es una vida familiar bonita en una bella casa. Esto último es lo que tendrías que fijar como deseo. Partir del dinero sería un error enorme, porque es absolutamente indudable que eso no es lo que quieres. El dinero no tiene nada de malo siempre que se entienda como lo que en verdad es: un medio. Si no eres capaz de reconocerlo, significa que todavía piensas desde el ego. Fijarte como objetivo acaparar dinero es siempre un error, porque significa convertir un medio en un objetivo... Sea cual sea el resultado, si aplicas la técnica del «para qué» obtendrás siempre algo mucho mejor orientado y con mayor potencial para manifestarse antes y mejor.

5. Ahora repite lentamente, tres o cuatro veces, el deseo con las palabras a las que has llegado tras el paso anterior.
6. Crea mentalmente el escenario de tu deseo. Añade a tu «pantalla» mental los elementos que lo componen, uno por uno. La escena debe representar el deseo ya cumplido de la forma más directa posible. Si algunos aspectos deben ir implícitos, no pasa nada. No representes cómo debe llegar a ti ese deseo, ni nada que tenga que ver con su proceso de manifestación. Se trata únicamente de expresar, con una imagen mental, qué quieres, tal como lo quieres en su estado final y de perfecta realización. Todo ello con una imagen mental.

7. Añade los elementos que consideres relevantes: personas, animales, objetos, plantas, etcétera.
8. Si no lo has hecho ya desde el principio, dota a tu imagen de tres dimensiones. ¡Ahora tienes práctica en esto!
9. Cuando hayas creado la escena, sostenla en tu mente todo lo que puedas, al menos unos treinta segundos.
10. Después juega con ese mundo que has creado. Rota la imagen, acércate, aléjate, haz un vuelo por encima, etcétera.
11. Ahora dale vida a ese mundo estático. Haz que tu imagen mental incluya movimiento. Que las personas actúen, que las cosas se muevan, etcétera.
12. Incluye también sonido. Que las personas hablen, que haya ruidos y sonidos varios. Incluso puedes poner una banda sonora de fondo a tu escena.
13. Observa tus emociones... ¿Cómo te sientes? El objetivo es que te sientas genial.
14. Si te sientes bien, estupendo, puedes saltar al siguiente paso. En caso contrario, es necesario que hagas algo al respecto. Tienes ante ti una señal del subconsciente que te dice: «Seguramente conseguirás lo que estás visualizando, pero te vas a sentir así de mal, o peor...». Para corregir esto, cambia algo en tu escenario mental; solo una cosa. Y observa cómo te sientes. Si ya te sientes bien, procede con el paso siguiente. ¿No es el caso? Entonces, vuelve a hacer un cambio más, y repite el paso. Hazlo hasta que te sientas bien. Es muy importante, y no hay ninguna prisa. No procedas al paso siguiente hasta que te sientas realmente bien. Y si tienes que parar y volver a realizar el ejercicio mañana, no pasa nada.
15. Mantén esa película mental en movimiento en tu mente todo el tiempo que te resulte posible. Si llegas a más de medio minuto, ¡está genial y no es necesario mucho más!
16. Finalmente, es necesario soltar. Esto significa que dejes de visualizar y que te olvides por completo de lo que has visualizado durante el resto del día. Si lo deseas, puedes ver en tu

mente cómo el escenario que has creado se aleja y se pierde en el infinito, y después, deja de visualizar. Resulta muy importante saber soltar, de otro modo no dejamos trabajar a las leyes universales. La forma mental que hemos creado —y a la que hemos dado «vida» propia— no puede funcionar de forma independiente y no dejamos de interferir en ella. Por decirlo de otra manera, no dejamos que se emancipe y siga su curso... Además, corremos el riesgo de crear otras formas mentales que interfieran con la original, y el resultado es contraproducente. Si no quieres echar a perder el trabajo que has hecho en los pasos anteriores, resulta imprescindible que sepas soltar; es decir, olvida lo que has visualizado, pasa a vivir tu vida cotidiana y confía plenamente en las leyes universales, que siempre harán perfectamente su trabajo. ¡Y todo funcionará mejor si las dejas trabajar y no interfieres!

17. Permanece un par de minutos en estado receptivo, sin buscar nada, sin razonar, sin analizar, sin juzgar... Solo observa las impresiones que lleguen a tu pantalla mental, sin manipularlas de ningún modo.
18. Termina la práctica cuando lo estimes oportuno.

Aunque explicar el proceso es un tanto extenso y parece muy complejo, luego no lo verás así: es cuestión de practicarlo. ¡Merece la pena, créeme! Cuando lo hayas hecho unas cuantas veces, no necesitarás consultar los pasos y se convertirá en un proceso fluido. Es como todo: cuestión de práctica.

Te recomiendo evitar largas sesiones de práctica, pues resultan contraproducentes y consumen más energía de la necesaria y conveniente. No dediques más de diez minutos —quince como máximo—. Y sobre todo practica el sabio arte de soltar y olvida lo que has visualizado durante el resto del día. Hay muchas cosas que hacer en la vida, así que puedes concentrarte en ellas y dejar que las leyes universales hagan su trabajo, confiando plenamente en ellas. Esto es sumamente importante, si no quieres caer en los errores que se explican en el paso número dieciséis.

Lo anterior lleva implícita una idea: con una práctica al día de diez o quince minutos es más que suficiente. Como mucho —y yo lo haría excepcionalmente—, practica dos veces al día, muy distantes una de la otra.

Si bien es cierto que soltar significa olvidar lo que has visualizado y dejar que operen las leyes universales, tampoco significa no hacer nada, ni mucho menos desvincularte de tu deseo. Durante la jornada, resulta esencial que permanezcas alerta, porque antes o después van a llegar señales. Sueños, sincronicidades (aparentes casualidades), intuiciones, momentos de inspiración, etcétera. Es muy importante que tomes buena nota de todas esas señales, y si las apuntas, ¡mucho mejor! Después, te recomiendo someterlas a profundas meditaciones, para obtener tus propias revelaciones sobre el significado que esas señales tienen para ti. Nadie puede interpretarlas por ti, puesto que están hechas solo para ti, y para que las comprendas solo tú. Te permitirán ir viendo cada vez más claro el camino que debes seguir. Y no olvides que, si no quieres quedarte siempre donde estás, el camino hay que andarlo... ¡Pasa a la acción! No esperes a que las señales aparezcan para dar un paso: actúa de forma proactiva, pasa a la acción incluso antes de ver señales. Que esas señales te sorprendan en marcha, y no en reposo. Para llevar esto a la máxima expresión práctica y, además, tener una comprensión más clara de lo que hay detrás, te recomiendo la lectura de *La respuesta del universo hoy*.[2]

Crear una barrera de protección

Muy diversas corrientes espirituales —en especial esotéricas y ocultistas— enseñan técnicas de meditación para crear una pro-

2. Félix Torán, *La respuesta del universo hoy*, Carena, Barcelona, 2024.

tección psíquica. Si haces búsquedas y consultas literatura, encontrarás el tema numerosas veces, puesto que es bien conocido, y hay muchas técnicas de meditación diferentes que pueden aplicarse. Hay quienes hablan de protegerte contra los ataques psíquicos de otras personas, y hay quienes piensan en entidades que se mueven en el bajo astral y que también pueden hacerte daño. Lo que creas al respecto es algo que debes decidir tú. Por mi parte, quiero decirte que una auténtica práctica de protección no está ahí para hacer ningún daño ni a ti ni a nadie, sino todo lo contrario. Aquí me voy a centrar en lo que concierne a los ataques psíquicos u otros tipos de influencia negativa procedente de otras personas, tanto de forma voluntaria como inconsciente. ¿Verdad que te ha ocurrido alguna vez que —sin saber por qué— has estado cerca de alguien y has sentido algo extraño, que te dice claramente que esa persona no es buena para ti, o que no tiene buenas intenciones? ¡A eso me refiero!

Quiero dejar claro que aquí me alejo totalmente de cualquier tipo de superstición, y en términos claros y prácticos, fuera de toda connotación negativa, con la máxima simplicidad y buena voluntad. No hablo de conjuros, ni de magia negra, ni de nada que se le parezca, ni remotamente... Cualquier otra lectura entre líneas está fuera de mi mensaje y del propósito de estas páginas. Si quieres comprender esta sección de manera correcta y no llevarla más allá de lo que en realidad significa, tómala sencillamente como lo que es: una forma de aplicar la visualización para crear una protección contra las formas mentales que podrían hacerte daño o desviarte del buen sendero. Solo eso. No hablo de espíritus, ni de magia de ningún color ni de ninguna otra elucubración mental que cada cual pueda elaborar, que yo respeto, pero que nada tiene que ver con lo que aquí escribo.

Para presentarlo de forma clara y sencilla, recordemos que nuestra imaginación es capaz de crear formas mentales; esas formas pueden estar orientadas al bien, pero también pueden tener malas intenciones, y pueden estar dirigidas hacia ti. Lamentablemente, sabemos que hay muchas personas en el mundo que pasan mucho tiempo formando imágenes mentales basadas en deseos negativos hacia otras personas... Es un hecho... Como es ley universal, quienes las crean acarrean un karma negativo que tendrán que compensar. Pero las formas mentales quedan ahí, y si las dejas fluir a través de ti, pueden tener resultados contraproducentes en varios niveles. No olvides que podrían impedir que se materialicen formas mentales que te ha costado un gran trabajo crear. También tienen la capacidad de empujarte a actuar en la dirección y sentido equivocados. Recuerda que en esos niveles el espacio no está tan limitado como en el mundo físico, por lo que es posible que otra persona logre atacarte incluso a distancia, y puede que lo logre si tú lo permites, e incluso sin saber que lo está haciendo... Lo voy a repetir para que quede grabado con tinta: **si tú lo permites.** El resultado depende de ti, de tu actitud y, ¿por qué no?, de cómo te blindes en esos niveles vibratorios tan delicados, confusos y que conducen al ser humano a identificarse con espejismos de todo tipo. La práctica que vamos a abordar está pensada para ayudarte a tener una protección en ese sentido, y te hará mucho bien. Esa es la única intención, y no estamos haciendo nada más, ni más rebuscado, ni con ningún otro nombre... Hechas todas estas aclaraciones, ahí van las instrucciones prácticas:

1. **Comienza** como de costumbre.
2. **Visualiza que tu cuerpo se encuentra rodeado de un óvalo de luz blanca** que se extiende unos diez centímetros por encima de ti (esto es solo una referencia, hazlo como mejor lo sientas).
3. **Deja que tu respiración funcione a su propio ritmo,** y con cada inspiración visualiza cómo el óvalo se va haciendo cada vez más luminoso y brillante.
4. **Mantén en tu mente todo lo que puedas la imagen del óvalo luminoso,** hasta un minuto como máximo. Mientras lo

haces, siente que esa luz te protege de cualquier influencia negativa a cualquier nivel.

5. **Di con tu voz mental:** «Nada ni nadie puede tocar lo que soy en realidad».
6. **Termina** la práctica.

Si lo practicas con frecuencia, verás los resultados, y no es necesario que este servidor tenga que prometerte nada, porque ninguna de mis palabras puede superar a tu propia experiencia. Además, te servirá como una especie de «escudo» de protección para la vida cotidiana. Cuando hayas alcanzado cierto nivel de práctica, te costará poco visualizar en pocos segundos esa protección en cualquier situación y momento del día. Esto te puede resultar muy útil cuando te encuentres en circunstancias en las que te tienes que ver con gente tóxica o, en general, si te sientes bajo amenaza o con inseguridad sin saber por qué. ¡Vale la pena probarlo!

Meditación para conectar con tu maestro interior

Deseo compartir contigo otra meditación muy poderosa basada en el poder de la visualización y que ayuda a conectar con la sabiduría infinita que reside en nosotros —no me extenderé más, ya que hablamos sobre el tema en el capítulo 2 de esta obra— para recibir ayuda para resolver los problemas que nos preocupan, tomar decisiones, resolver dilemas, etc. La mejor ayuda está en nosotros, y esta meditación te pondrá en contacto con ella. Es muy bonita y poderosa, y las instrucciones son las siguientes:

1. Comienza la práctica como de costumbre.
2. Durante dos o tres minutos, practica uno de los ejercicios de la concentración usando la respiración que vimos en el capítulo 4.

3. Despierta los chakras corona y tercer ojo, tal como vimos en el capítulo 5.
4. Visualiza un paisaje que te resulte muy relajante. Si lo deseas, puedes usar el mismo que empleaste en un ejercicio anterior de este capítulo. Aplícale el máximo realismo.
5. Muévete por ese escenario y, sobre todo, siéntete genial. Dedica a este paso un minuto o dos como máximo.
6. Ahora, mira hacia el horizonte. En la lejanía se intuye la figura de un edificio. Todavía se ve muy pequeño y no tiene una forma definida. Sin embargo, sabes que es el templo en el que encontrarás a tu maestro interior.
7. Camina lentamente en dirección al edificio. Conforme avanzas, el edificio va adquiriendo un tamaño más grande y una forma más clara y definida. Dale la forma que más te guste. Hay quienes prefieren darle la forma de una catedral, una pirámide, un determinado templo espiritual, etc. Elige libremente lo que más te guste.
8. Finalmente, llegas al edificio y te detienes ante él. Te diriges a la puerta y la cruzas. En el interior puedes ver una sala con una bonita mesa en el centro. Si lo deseas, puedes darle la forma de un altar.
9. Tras la mesa, puedes vislumbrar la figura del maestro interior. Visualízalo con el rostro que desees. Va vestido de blanco y su figura está rodeada de un aura blanca muy brillante.
10. El maestro te invita a acercarte a él. Te aproximas lentamente.
11. Cuando estás ante el maestro, lo saludas con respeto. El maestro te mira fijamente a los ojos. En su mirada puedes percibir amor infinito. No hay el menor egoísmo en él. Solo aprecias transparencia, buena voluntad y amor hacia ti. Siéntelo.
12. El maestro te pregunta cómo puede ayudarte. Te propone que te tomes tu tiempo para pensar exactamente qué problema deseas resolver con su ayuda. Dedica un minuto a definir claramente cuál es ese problema. Exprésalo en for-

ma de pregunta, lo más breve y directa posible. No des rodeos, ve al grano y pregunta exactamente qué deseas resolver. No pidas imposibles ni adivinaciones milagrosas, porque perderás mucho tiempo —si no todo—. Tampoco intentes «disfrazar» tu pregunta de forma que condicione la respuesta que te gustaría imponer. Pregunta algo muy concreto y que en verdad te preocupe. Tiene que ser un auténtico problema de la vida real y cotidiana. Por ejemplo, una decisión que tienes que tomar entre dos o tres opciones y con la que sientes inseguridad. Otro ejemplo es cuando necesitas ideas para resolver un problema concreto.

13. Ahora te diriges al maestro, le miras a los ojos y le planteas tu pregunta.
14. El maestro exhibe una mirada llena de amor y te dice que responderá a tu pregunta sin palabras. Te explica que encontrarás la respuesta mirándole a los ojos.
15. Mira a los ojos del maestro, y déjate impregnar durante uno o dos minutos por esa respuesta que va más allá de las palabras. Como hemos hecho en anteriores meditaciones, mantén una actitud receptiva.
16. El maestro te dice que ahora puedes tener la total seguridad de que has encontrado la respuesta, y que está dentro de ti. Todavía no sabes cómo formularla con palabras, pero si te lo propones lo lograrás poco a poco. El maestro te explica que en los momentos más inesperados de tu vida irán llegando elementos de respuesta a través de tu intuición. Te invita a mantenerte alerta.
17. Miras de nuevo al maestro con respeto, y le das las gracias de corazón por su ayuda.
18. El maestro te mira, y sientes la confianza de que vas a encontrar solución a tu problema. Te recuerda que siempre estará dentro de ti, en tu corazón, dispuesto a ayudarte.
19. Te despides del maestro, y sales del edificio. Comienzas a caminar lentamente, y conforme te alejas, el edificio se va

haciendo cada vez más pequeño en el horizonte, hasta que finalmente desaparece.

20. Encuentras un rincón muy bonito en ese escenario maravilloso que has creado al comenzar el ejercicio, y te sientas allí.
21. Entonces, pasa a un estado de receptividad, sin buscar nada, sin razonar, sin imaginar... Mantén ese estado durante un par de minutos.
22. Visualiza la habitación o el lugar en que te encuentras físicamente, y siente el contacto de tus pies con el suelo.
23. Practica unas respiraciones lentas y profundas, y abre los ojos lentamente, retornando a la consciencia objetiva.

Te recomiendo practicar este ejercicio. Estoy seguro de que te llevarás una sensación única que no podrás describir con palabras. Además, te sorprenderá en los momentos menos esperados con revelaciones que adquirirán infinidad de formas, ¡ya verás!

Por cierto, este tipo de meditación puede resultarte mucho más agradable y llevadera si hay alguien que te guíe. Y todavía tiene un mayor impacto si sientes que estás en compañía de otras personas que la han hecho —y que es probable que la estén practicando en este momento en algún lugar del mundo—. En mi canal de YouTube[3] puedes encontrar la grabación de una meditación en línea que organicé hace tiempo sobre este mismo tema[4], y creo que puede servirte como apoyo. Es bastante parecida a la que he expuesto aquí. Del mismo modo, encontrarás allí muchas otras meditaciones en directo que fueron grabadas, así como cientos de vídeos sobre temas de crecimiento personal y espiritual.

Este capítulo ha sido toda una aventura basada en el poder de la visualización. ¡Pero la historia no acaba aquí! De hecho, como podrás comprobar en el próximo capítulo, todo lo que has entrenado te va a permitir llegar todavía más lejos. ¡Vamos allá!

3. http://youtube.es/felixtoran
4. https://youtu.be/lOtEtPLLsPc

Capítulo 8

Concentración usando símbolos

Tras un capítulo dedicado a reforzar el poder de visualización creativa gracias a la concentración, estamos en condiciones de abordar algunas aplicaciones que te ayudarán a seguir incrementando dicha facultad, con todos los beneficios que esto conlleva. Además, te aportarán un poder enorme en otros campos de aplicación. En particular, vamos a analizar posibles formas de practicar combinando el poder de la concentración y la visualización, empleando el apoyo de símbolos.

En el desenvolvimiento espiritual, los símbolos juegan un papel muy importante, e ignorarlos no es nada acertado. Su principal misión es ponerte en contacto con determinados principios y leyes universales que operan en los planos superiores y que son cruciales para avanzar en el sendero de retorno a la unidad, al que conduce cualquier camino de desarrollo espiritual que merezca ese nombre. De alguna forma, un símbolo es una especie de puente mediador que trata de unir el plano material con el espiritual. Trata de volver a unir aquello que los seres humanos hemos llevado a un estado de separación. Aclaro que hay diferentes tipos de símbolos, por ejemplo, los naturales y los artificiales; sin embargo, cuando en este libro me refiero a los símbolos estoy hablando en todo momento de los símbolos espirituales, y en especial de los que nos han sido legados por los sabios del pasado. Un buen ejemplo lo tienes en el famoso símbolo del yin yang, que seguro conoces. No es un simple dibujo. Contiene toda una serie de leyes universales que es vital conocer para recorrer el sendero del retorno. No aporta una descripción textual ni conceptual de dichas leyes, algo que es importante, pero no es —ni de lejos— suficiente. Te aporta precisamente aquello que las palabras no pueden llegar a expresar, y es esa parte inmaterial la que puede llevarte a planos superiores que solo podrás comprender por experiencia directa.

Los símbolos hablan a tu subconsciente, no a tu razón. Un símbolo le habla más al alma que al intelecto. Se basa en el principio de que detrás de todo lo visible se esconde una contrapartida invisible, y el símbolo trata de llevarte a ella para lograr consumar el matrimonio entre esas dos partes y contribuir al proceso de síntesis, que va desde la multiplicidad a la unidad. Si realizas un análisis simbólico y tratas de interpretar lo que ves en un símbolo, con el tiempo seguro que llegarás a dar largos discursos sobre lo que este transmite. Eso es importante, pero no deja de ser una «lectura superficial» del símbolo. Para lograr que cumplan con su verdadero cometido, debes ir más allá. Puesto que la razón se queda corta, necesitarás recurrir a la meditación. Es así como lograrás que los símbolos hablen a tu ser interior.

Ese proceso de meditación puede asumir muchas formas, pero requiere de la visualización, algo evidente teniendo en cuenta la esencia gráfica de los símbolos. En las próximas secciones veremos algunos posibles símbolos de gran poder y un método para meditar con ellos. Por supuesto, no podemos cubrir todos los símbolos existentes, ya que se requeriría una auténtica enciclopedia. Pero, créeme, vas a encontrar herramientas de trabajo para seguir tu propio sendero durante una vida o más... Si el tema te interesa y deseas profundizar intelectualmente y conocer otros símbolos, hay muchas obras serias que podrías encontrar de forma relativamente sencilla, como la de Udo Becker[1] y la de Hans Biedermann.[2] Permíteme insistir en que la in-

1. Udo Becker, *Enciclopedia de los símbolos*, Swing, 2008.
2. Hans Biedermann, *Diccionario de símbolos*, Ediciones Paidós, 1993.

terpretación de símbolos a través de palabras, conceptos, explicaciones teóricas, etc., es solo una aproximación... Es un medio para llegar al verdadero fin, al que solo te puede conducir la experiencia directa a través de la meditación.

La técnica básica

En el capítulo anterior practicaste la visualización utilizando un soporte visual. Ahora vamos a retomar esa práctica y le añadiremos algunos elementos adicionales para construir nuestro ejercicio central para meditar con un símbolo. Las instrucciones son las siguientes:

1. **Comienza la práctica** de la forma habitual.
2. **Abre los ojos y coloca ante ti la imagen del símbolo** que vayas a emplear.
3. **Míralo atentamente reparando en todos los detalles.** Pero solo mira... No analices nada, ni intentes explicar el más mínimo detalle. Se trata de solo observar. Fíjate en todos los detalles que puedas: formas, colores, objetos, etc. Haz esto durante un par de minutos.
4. **Cierra de nuevo los ojos, y trata de reconstruir en tu mente la imagen del símbolo.** Añade poco a poco los diferentes elementos que lo componen. No olvides aportar también los colores correspondientes.
5. **Dota a la imagen de tres dimensiones** y visualízala ante ti.
6. **Juega con la imagen** rotándola, alejándote, acercándote, cambiando de punto de vista, etcétera.
7. **Finalmente, congela la imagen, fíjala...** ¡Agárrala! ¡Que no se te vaya! Mantenla en tu «pantalla» mental todo lo que puedas, hasta un máximo de uno o dos minutos.
8. **Si te distraes antes de lo previsto**, vuelve al paso cuatro.
9. **Olvida la visualización.** Expúlsala de tu mente.

10. **Permanece un par de minutos en estado receptivo,** sin buscar nada, sin razonar, sin analizar, sin juzgar... Solo observa las impresiones que lleguen a tu pantalla mental, sin manipularlas de ningún modo.
11. **Termina el ejercicio** como de costumbre.

Este proceso puede completarse perfectamente en un intervalo de entre cinco y diez minutos. Con la práctica, te costará cada vez menos. No es necesario ni recomendable emprender largas sesiones. Te recomiendo que anotes en tu cuaderno personal las impresiones que hayas recibido, explícalas con tus propias palabras. Incluso si ahora mismo no te están diciendo nada, cuando reúnas suficiente material, las piezas del puzle encajarán y entenderás qué estaban tratando de decirte. De hecho, es probable que te des cuenta de los progresos que has hecho desde entonces, y de cómo has cambiado y has evolucionado a nivel espiritual. ¡Puedes dar por seguro de que, aunque no hayas sido consciente del proceso, la meditación usando símbolos ha tenido algo que ver!

Usar los arcanos del tarot como soporte

Ahora que tenemos una técnica de base para meditar con símbolos, te recomiendo de corazón que no dejes de meditar con el tarot. Descubrirás que no es solo un oráculo, sino muchísimo más, y te despojarás de posibles falsas creencias y prejuicios que no tienen fundamento ni ayudan lo más mínimo en tu evolución. ¿A que alguna vez has jugado con los naipes o alguna baraja similar? Seguro que no has tenido la sensación de estar haciendo nada extraño, ni peligroso ni prohibido ni estafando a nadie, ¿verdad que no? Pues debo decirte que, así como muchas otras barajas, los naipes comparten raíces con el tarot. Por otro lado, debo decir que usar el tarot como un oráculo es totalmente respetable, y hay quienes lo emplean con seriedad —entre otras cosas, se pasan la vida meditando con esos arcanos para conectar con su esencia y tener claro que lo que hacen es ayudar a otra persona a conocer mejor su presente, que es el instante en que «escribimos» nuestro futuro—. Meter a todos los tarotistas en el «saco» de los estafadores (por citar un prejuicio bastante común) es un error tan grande como el que se comete en otros tantos campos... Como a mí me gusta decir, ni todos los tarotistas son estafadores ni todos los estafadores son tarotistas...

En realidad, el tarot es todo un sistema de desarrollo espiritual que puede armonizarte con las leyes y principios que los grandes iniciados y avatares espirituales del pasado han conocido desde tiempos remotos. Es una herramienta que puede ayudarte mucho a ti, que estás en un proceso de crecimiento interior. ¿Por qué desechar esa joya sin más? ¿Por qué hacerlo sin tener razones realmente sólidas? ¿Por qué hacerlo solo por prejuicios o falsas creencias? No se puede avanzar hacia la verdad por el sendero de las falsas creencias... El tarot es un conjunto de símbolos, y cualquier cosa en la que se convierta a partir de ahí depende, única y exclusivamente, del uso que tú decidas hacer o que permitas que otros hagan contigo. Desde luego, si lo utilizas como el auténtico «libro» de sabiduría espiritual que es, y como una herramienta de soporte a la meditación, estarás haciendo un uso positivo de él. Por supuesto, ya que está orientado a entrenar la concentración, el uso específico que hacemos en este libro es muy positivo.

Hechas las aclaraciones anteriores, personalmente te recomiendo que utilices la versión de Rider-Waite del tarot, que es muy rica en simbología y te invito a que te centres en los veintidós arcanos mayores, que son los siguientes:

- Arcano 0: el loco.
- Arcano 1: el mago.
- Arcano 2: la gran sacerdotisa.
- Arcano 3: la emperatriz.

- Arcano 4: el emperador.
- Arcano 5: el hierofante.
- Arcano 6: los amantes.
- Arcano 7: la carroza.
- Arcano 8: la fuerza.
- Arcano 9: el ermitaño.
- Arcano 10: la rueda de la fortuna.
- Arcano 11: la justicia.
- Arcano 12: el ahorcado.
- Arcano 13: la muerte.
- Arcano 14: la templanza.
- Arcano 15: el diablo.
- Arcano 16: la torre.
- Arcano 17: la estrella.
- Arcano 18: la luna.
- Arcano 19: el sol.
- Arcano 20: el juicio.
- Arcano 21: el mundo.

Por supuesto, si deseas complementar con los arcanos menores, genial; pero te diré que solo con los mayores ya hay material para una —o quizá varias— vidas, por lo que mi consejo es: paciencia...

Para empezar, te aconsejo que practiques durante veintidós días visualizando un arcano en cada práctica diaria, empezando por el arcano número cero, hasta llegar al número veintiuno. Cuando termines, te recomiendo hacer lo mismo durante veintidós días más, pero en sentido inverso, del veintiuno al cero.

Después, elige cada día el arcano que desees y practica con él. Los criterios pueden ser muchísimos, y cuanto más conozcas esos arcanos y lo que te transmiten, más asociaciones irás estableciendo, y eso debes hacerlo tú y solo tú. Por ejemplo, cada arcano se puede relacionar con colores, mantras, planetas, letras hebreas, facultades mentales, leyes espirituales, etc. Debes descubrir tus propias asociaciones y decidir qué arcano deseas utilizar cada día. Y no dejes de investigar al respecto. No te voy a recomendar ningún libro en particular, porque para mí no existe ninguna autoridad que defina qué significa cada arcano del tarot y cómo debe usarse. Si se llaman arcanos es precisamente porque su significado está velado, y solo se puede desvelar a través de la meditación, y eso solo puedes hacerlo tú, y nadie puede decirte de antemano qué vas a encontrar, porque solo tú lo experimentarás. Eso no significa que no merezca la pena leer obras sobre el tarot, pero debes ser tú quien decida cuáles leer, qué conclusiones sacar, cómo conjugarlas con tus hallazgos interiores, etc. Es un proceso personal, individual e interior, y nadie puede dictarlo por ti. Un auténtico libro sobre tarot no hará jamás algo así: podría sugerir, pero nunca imponer.

Lo que cada cual vive en su experiencia interior es único e intransferible. Lo que ha funcionado rápido para mí no tiene por qué hacerlo para otra persona, y viceversa. ¡Jamás caería en el error de imponerte ninguna lectura! Pero si tienes una enorme curiosidad por saber qué enseñanzas sobre tarot entre las que he estudiado me han aportado valor a mí, te diré que han sido las de Paul Foster Case (que he leído en idiomas diferentes al castellano y no me ha resultado fácil encontrar traducciones) y algunos de Eliphas Levi —con ciertas consideraciones, y dejando claro que no necesariamente son fáciles de leer—. Por encima de todo, en más de veinte años, la fuente que más me ha enseñado sobre el tarot ha sido mi maestro interior. Pero insisto: tú puedes leer lo que consideres adecuado, tendrás que encontrarlo —o que esos libros te encuentren a ti— y deberás decidir cada paso del camino que debes seguir. No hay nada escrito de antemano y tendrás que descubrirlo todo por tu propia experiencia. Eres quien escribe el libro de tu propio sendero de evolución espiritual. ¡Es así como siempre ha funcionado, y el tarot está hecho según ese patrón!

Cuando lleves un tiempo practicando con los diferentes arcanos, empezarás a sentir una conexión profunda con estos. Aunque no seas capaz de explicarlo con palabras, estarás empezando a conectar con esa contrapartida invisible de la que te hablaba antes.

También puedes meditar sobre ciertos arcanos cuando necesites armonizarte con determinados niveles vibratorios. No pretendo escribir una guía al respecto —algo que iría más allá de las posibilidades de este libro y de su tema central—, pero sí quisiera aportar algunos consejos al respecto:

- Cuando necesites aumentar tu nivel de concentración, te recomiendo meditar con el arcano uno, el mago.
- Para mejorar la memoria, te recomiendo el arcano dos, la gran sacerdotisa.
- Si necesitas potenciar tu imaginación, utiliza el arcano tres, la emperatriz.
- Cuando necesites poner tu capacidad de razonamiento en las mejores condiciones, te recomiendo probar a meditar con el arcano cuatro, el emperador.
- Si necesitas afinar tu intuición, medita con el arcano cinco, el hierofante.
- Si deseas pasarle un mensaje a tu subconsciente para programarte en la dirección correcta (por ejemplo, para cambiar un hábito), podrás encontrar un refuerzo en la meditación con el arcano seis, los amantes. También cuando, por ejemplo, deseas que el subconsciente te ayude a encontrar soluciones a determinados dilemas o problemas.
- Si deseas armonizarte con la ley del karma y alcanzar un estado de equilibrio, una buena elección es la meditación con el arcano once, la justicia.
- Si deseas trabajar con la ley hermética del ritmo y armonizarte con los ciclos del universo, te convendría meditar con el arcano diez, la rueda de la fortuna.
- Si tu interés se dirige hacia la ley de la vibración y el cambio constante que tiene lugar en toda la creación, te recomiendo meditar con el arcano trece, la muerte.

- Si deseas salir del espejismo de la separación a la que conduce el ego con frecuencia, podrás encontrar mucha energía e inspiración en un arcano que está muy lejos de ser tan «malo» como parece, y si lo comprendes correctamente, puede que un día te haga soltar carcajadas. Se trata del arcano quince, el diablo.

Podríamos extender esta lista hasta llenar un libro o más, porque el tarot da para más de lo que es posible escribir, pero, sinceramente, solo con lo arriba expuesto ya hay muchísimo material para trabajar. Para sacar el máximo potencial de las energías propias de la meditación con cada arcano, que tú sentirás mejor que nadie, puedes seguir experimentando para llegar a tus propias conclusiones y tus propias «fórmulas».

De hecho, es posible hacer combinaciones. Por ejemplo, si quieres prepararte en las mejores condiciones para la visualización creativa, podrías meditar sobre el arcano uno (el mago) y después sobre el tres (la emperatriz), que reflejan las cualidades esenciales para visualizar (concentración e imaginación). Si necesitas concentrarte para resolver un problema intelectual, podría ayudarte hacerlo con los arcanos uno y cuatro. Ahí tienes un universo por descubrir y hacer tuyo...

Podrás ir más lejos cuando domines la meditación con los arcanos individuales —como he explicado arriba—, realizar combinaciones de dos arcanos visualizándolos juntos y meditar con ellos. Eso requiere de un poder de visualización importante, por lo que te recomiendo ir paso a paso. Si me apuras, es posible incluso ir más lejos y meditar con arreglos de tres arcanos (o más).

Otros símbolos

Además del tarot, hay muchos más símbolos procedentes de distintas tradiciones que son muy poderosos y que, en última instancia, conectan con las mismas leyes y principios espirituales a los que te conduce el tarot. Tú debes realizar la investigación y encontrar aquello con lo que sientas una mayor «resonancia». Es algo que solo tú puedes hacer, y es una parte fundamental de tu sendero de desarrollo espiritual. En todo caso, me gustaría compartir contigo algunas sugerencias de símbolos que merece la pena estudiar:

- Los símbolos propios de los chakras. Así conectarás la meditación con los chakras —que ya conoces— con sus correspondientes símbolos y, al mismo tiempo, estarás desarrollando la concentración.
- El *taijitu*; es decir, el famoso símbolo del *ying-yang* propio del taoísmo.
- Los *tattvas* propios del tantrismo.
- Las letras hebreas. Como curiosidad importante, cabe destacar que cada arcano mayor del tarot está relacionado con una de las veintidós letras hebreas, lo que da una idea de que no son simples letras únicamente orientadas a escribir palabras, sino que se trata de todo un alfabeto espiritual formado por símbolos que conectan con energías sutiles.
- Los 72 nombres sagrados de la *kabbalah* hebrea. Ahí tienes un mundo completo y toda una tecnología espiritual para reconectar el alma con planos vibratorios superiores. Si investigas y conoces mejor la *kabbalah*, aprenderás otras formas de meditar dirigidas a estos nombres —compuestos de tres letras hebreas—, mediante prácticas que también están basadas en la visualización.
- Los símbolos astrológicos de los planetas. Una buena forma de comenzar puede ser meditar cada día en el símbolo correspondiente: la Luna los lunes, Marte los martes, Mercurio los miércoles, Júpiter los jueves, Venus los viernes, Saturno los sábados y el Sol los domingos.

- Los símbolos propios de la alquimia: los cuatro elementos, la sal, el azufre, etcétera.
- El sello de Salomón o la estrella de David, sin necesidad de aportarle ninguna connotación religiosa, sino considerándolo como un símbolo lleno de enorme sabiduría espiritual.
- Los números, en particular del uno al diez. ¡Que no te suene raro! En este mundo de separaciones y fragmentaciones, las cifras sirven para contar, y a ellas les aplicamos operaciones aritméticas. En un nivel más elevado, tras la cifra estaría una especie de «alma de la cifra» que representaría el plano de la diferenciación dentro de la unidad, pero que no entiende de separaciones. En ese nivel no hay lugar para operaciones aritméticas, que requieren entidades separadas que se puedan contar, unir, separar, etc. Ahí, como mucho, tienen sentido las operaciones espirituales de adición —suma de todos los números desde el uno al número considerado— y reducción —suma de las cifras de un número, que se puede repetir iterativamente hasta reducirlo a una cifra—. Pero todavía hay un nivel más elevado detrás de un número, que es el que más me interesa aquí: el espíritu detrás de la cifra. Ahí no existen ni las cuentas, ni las separaciones, ni las diferenciaciones, ni las operaciones... Ahí los números son auténticos símbolos que pueden conducirte al contacto con leyes y principios espirituales. Y ahí solo se puede llegar con la meditación. Visualizar los números como símbolos puede ser una experiencia espiritual más rica de lo que jamás habrías imaginado *a priori*. Si lo pruebas y persistes en ello, algún día no te extrañará por qué Pitágoras les daba tantísima importancia. En cuanto a aritmética, gracias a nuestros sistemas educativos tenemos un buen nivel. Ahora bien, en lo que se refiere a la parte espiritual de los números, tenemos que empezar de nuevo por el parvulario, y la meditación

con los números como símbolos es muy buena forma de empezar.

- Hablando de Pitágoras, te recomiendo meditar también sobre la *tetraktys*, que te costará poco encontrar en internet.

Esta lista da para una vida de trabajo, pero sinceramente está lejos de ser exhaustiva. No te lo digo para abrumarte ni impresionarte, sino para que lo tomes con el respeto, humildad y paciencia que todo esto merece, sabiendo que todo el trabajo que realices te aportará frutos increíbles. Dejo en tu mano completar esta lista con más posibilidades, que seguro descubrirás.

Incluso es posible que un día te sientas con la inspiración de crear algún símbolo tuyo, para tus propias meditaciones. Esto puede llegar en forma de revelación —como una imagen que aparezca en tu mente durante alguna meditación— o en un sueño, por ejemplo. Pero esto debería ser complementario a lo expuesto —sin reemplazarlo—, ya que aquí estamos viendo símbolos que tienen un poder espiritual muy grande y que han sido legados por los sabios del pasado.

Hasta este punto, hemos recorrido un considerable número de prácticas que favorecen la concentración e incluso la llevan más allá y proporcionan un inmenso abanico de posibilidades de desenvolvimiento espiritual. En el próximo capítulo nos detendremos en otra facultad complementaria que merece la pena practicar, no solo por los beneficios que conlleva para el desarrollo espiritual, sino también porque puede ayudarte mucho en tu práctica con la concentración.

Capítulo 9

Agregar la atención plena

En el presente capítulo abordaremos la atención plena, un aspecto de la práctica meditativa que difiere de lo que hemos tratado hasta ahora en este libro, que se ha centrado en la práctica de la concentración. No es mi intención desviarte del tema central, pero considero que un pequeño acercamiento a la atención plena resulta de gran valor y complementa perfectamente lo aprendido sobre la mente concentrada. Podríamos decir que la concentración y la atención plena son como dos hermanas que es necesario practicar y combinar para lograr los mejores resultados en el desenvolvimiento espiritual. No en vano todo sendero de práctica de la atención plena que se precie comenzará siempre por el desarrollo de la concentración. Es así hasta el punto de que algunas personas hablan de prácticas de *mindfulness*, cuando en realidad se refieren a prácticas de concentración (que no es lo mismo).

La atención plena, también conocida como *mindfulness*, ha sido adaptada a la mentalidad y el estilo de vida occidental, aunque es importante señalar que estas adaptaciones no están exentas de pérdidas respecto a su esencia original. No pretendo incluir aquí un tratado exhaustivo sobre la atención plena, pero sí quiero comenzar por destacar su relevancia y utilidad. Aunque diferente en su enfoque, esta práctica se complementa de manera extraordinaria con la concentración y enriquece nuestra capacidad para vivir el presente con mayor profundidad y consciencia.

Mediante la atención plena desarrollamos una relación más íntima y consciente con nuestros pensamientos, emociones y sensaciones corporales, entre otras cosas. Esta práctica nos permite observar sin juicio, aceptar lo que es y responder de manera más sabia a las circunstancias de la vida. La atención plena se convierte así en una herramienta poderosa para mejorar nuestro bienestar mental y emocional, y nos ayuda a enfrentar el estrés y las dificultades con mayor resiliencia.

A medida que profundicemos en este capítulo, descubrirás que, proporcionándote una perspectiva más equilibrada y consciente, la atención plena puede enriquecer tu práctica meditativa y tu vida cotidiana. La literatura sobre *mindfulness* es muy amplia, y lo mismo puede decirse de los recursos existentes en internet, por lo que dispones de gran cantidad de material para investigar y aprender mucho sobre el tema. Tan solo alertarte sobre algo evidente que ocurre cuando un tema se torna muy popular: ¡cuidado con las fuentes que elijas! No soy quién para decirte qué libros sobre *mindfulness* son buenos y cuáles no, ni para juzgar a otros autores; ¡bastante tengo con tratar de hacer mi trabajo lo más seriamente posible! Bromas aparte, tú sí tienes el criterio para determinarlo, y lo sé porque estás leyendo esta obra. Y si no lo tienes, puedes desarrollarlo y elegir sabiamente: escucha a tu maestro interior a través de la intuición. Mi único consejo —y aquí voy a dejar el tema— es que te asegures de leer fuentes serias, y si recurres a un instructor, es importante que elijas bien. Por mi parte, por si te interesa, quiero decirte que he escrito algunos libros que abordan el tema.[1, 2]

Como anotación adicional, vale la pena recordar que, en esencia, el *mindfulness* no es ni un invento americano —en realidad, viene de Asia—, ni es moderno —realmente tiene más de dos milenios—, ni tampoco procede de la medicina, la psicología ni cualquier otra ciencia moderna —viene del budismo, si bien hay que decir que las citadas ciencias lo integran en sus terapias y han logrado hacerlo de forma seria y útil—. En resu-

1. Félix Torán, *El arte de ser y estar*, Ediciones Carena, Barcelona, 2014.
2. Félix Torán, *Ecología mental para dummies*, Planeta, Barcelona, 2014.

men, no me voy a extender demasiado sobre el *mindfulness*, ni pretendo convertir este capítulo en un curso del tema, pero sí quisiera introducirlo y, sobre todo, hacerte llegar el enorme valor que puede aportar a tu práctica con la concentración, que sí es el tema central que aquí nos ocupa. Y, por supuesto, me gustaría dejarte alguna práctica basada en la atención plena que podrás utilizar en tu entrenamiento cotidiano de la concentración e integrar con las prácticas vistas hasta ahora en el libro.

La atención plena en general

Dado que hemos hablado extensamente de la concentración, resulta muy conveniente presentar la atención plena tomando a la primera como punto de referencia. Al practicar la concentración, el foco mental se «cierra» a una sola cosa, similar a un puntero láser que genera un punto de luz minúsculo. Este enfoque permite señalar algo concreto con gran precisión, pero no puede abarcar más de un elemento a la vez. Si deseas observar otra cosa, debes abandonar la anterior y dirigir la atención hacia la nueva, sin poder integrar simultáneamente ambos elementos en tu campo de observación.

La concentración implica mantenerse en una sola cosa con total dedicación, entregándole toda tu energía, lo cual le otorga un poder y una claridad enormes. Proporcionando una comprensión y una conexión profundas, este enfoque intensivo permite profundizar en un único objeto de atención.

Sin embargo, en el desenvolvimiento espiritual también es importante poder ampliar el campo de observación para ser capaz de observar más de un elemento a la vez, y eso es lo que logramos con la atención plena. Ese punto de observación adquiere mayor superficie y se convierte en un círculo más o menos grande, capaz de albergar en su interior más elementos de observación. Más que un puntero láser, ahí hablaríamos del foco de luz de una linterna. En ese caso, obviamente, no se potencia la energía para entregarla a una sola cosa, sino que de una forma u otra se reparte entre varios elementos. Mientras que la concentración equivale a un chorro de luz superenfocada en un punto, la atención plena sería más bien un círculo de luz. La atención plena nos permite integrar múltiples elementos y experiencias sin perder la calidad de la atención, con una percepción abierta y receptiva, para abarcar una variedad de experiencias presentes de manera simultánea. De este modo, ambas prácticas se complementan y enriquecen mutuamente al ofrecer herramientas valiosas para una mente más consciente y equilibrada.

Con la concentración, el objeto observado es lo único correcto, y todo lo demás son distracciones. Con la atención plena es muy diferente, y las posibilidades son enormes. El campo de observación puede abrirse más o menos, y de forma muy versátil. Por ejemplo, puedes abrirlo únicamente a los pensamientos, o solo a las emociones, o únicamente a las sensaciones físicas, o a los sonidos exteriores, o a combinaciones de estos... ¡Y son solo unos pocos ejemplos de las posibilidades que ofrece! Al practicar la atención plena, lo correcto es lo que entra dentro de ese «círculo» de observación, todo lo demás se considera una distracción. Te doy un ejemplo para verlo más claro; cuando te concentras en un símbolo, todo lo que no es el símbolo es una distracción. Cuando practicas la atención plena orientada a observar las sensaciones en tu mano derecha, existe todo un universo de posibles sensaciones que pueden ocurrir en esa mano, y todo eso está dentro del círculo... Pero cualquier sensación en otra parte del cuerpo, o cualquier emoción, pensamiento, sonido, u otro tipo de experiencia, está fuera del círculo, y es una distracción.

Practicar la atención plena ofrece unos increíbles beneficios a muchos aspectos. En general, puedes considerar que la gran mayoría de los beneficios que conociste en el capítulo 2 son aplicables a la atención plena. Y tiene una ventaja muy importante: se trata de una práctica versátil. Puedes llevarla de forma muy flexible a los diferentes aspectos de tu vida. Debemos reconocer que hay prácticas de concentración que no son muy adecuadas para las situaciones cotidianas, e incluso podrían ponernos en peligro si elegimos un mal lugar o momento. Por ejemplo, concentrarte mentalmente en un símbolo mientras conduces sería una auténtica locura y te recomiendo no hacerlo jamás. Para decirlo más claro, la mayoría de las prácticas de concentración requieren que para practicar te retires a un lugar tranquilo y seguro. Los beneficios llegan luego, y los vivirás en el día a día. Sin embargo, el *mindfulness* aporta algo mágico: mientras que algunas de las prácticas requieren aislamiento y retiro, otras tantas se pueden adaptar a las situaciones más comunes de la vida cotidiana. En esas situaciones, no solo las practicas, sino que disfrutas de sus beneficios... Haces mejor lo que estás haciendo, lo disfrutas más y te entrenas para seguir haciéndolo con esa y otras muchas situaciones.

Queda claro con todo lo dicho que al observar con atención plena no haces un esfuerzo por mantenerte en una sola cosa. Sencillamente esperas, con la disposición de observar lo que entre en tu campo de observación. Por ejemplo, imagina que estás practicando la atención plena orientada a los pensamientos. Si aparece un pensamiento, lo dejas llegar, evolucionar y marcharse cuando esa formación mental lo decida. Mientras tanto, observas. Si llega algo que no es un pensamiento —por ejemplo, una sensación corporal—, lo consideras una distracción, lo dejas ir y vuelves a tu campo o círculo de observación. Si dejas de observar con atención plena —por ejemplo, si caes en una cadena de razonamientos olvidando el objetivo de la meditación—, también debes tomarlo como una distracción y volver al círculo de observación lo antes posible. Hay varias formas de operar, y existen muchos matices. Por ejemplo, cuando llega un pensamiento, puedes detenerte y usar tu poder de concentración para enfocarte solo en él, y detenerte para analizarlo, caracterizarlo, observarlo más de cerca, etc. En otras prácticas, puedes simplemente dejar que el pensamiento pase ante ti sin operar sobre él, solo observando con curiosidad. Hay muchas posibilidades, y diferentes tradiciones lo aplican de un modo distinto. Te recomiendo no ceñirte con obsesión a una forma concreta de práctica, ya que estarías perdiéndote un mundo de posibilidades que seguro te resultaría útil. Las posibilidades en la práctica son inmensas, y según el objetivo que persigas, podrá interesarte más un tipo de práctica que otro. No pretendo abordar todas las posibilidades, porque está fuera del alcance de esta obra, pero me gustaría mostrarte algunas formas de observación que te recomiendo practicar:

- Cuando llega una experiencia, te detienes y la observas «de cerca» usando la concentración. Te enfocas en ella y dejas fuera a todo lo demás, y observas todos los detalles que la caracterizan. Esta es la aproximación que comentaba más arriba.
- No observas las experiencias en detalle. Sencillamente, las dejas pasar ante ti como si estuvieras viendo una película en el cine, sin intervenir en el guion. No intentas analizar nada, solo miras la película con curiosidad.
- Haces lo mismo, pero sin curiosidad ni interés en seguir «la película». Dejas que las experiencias lleguen, y dejas que se vayan cuando quieran, pero no te interesan los detalles. Sencillamente, dejas que el filme mental se proyecte y que termine cuando quiera, y lo observas sin más, sin ninguna curiosidad, como cuando ves sin distraerte una película que te aburre, pero tienes ganas de que termine.
- Algo similar, pero sin ni siquiera tener interés en observar. Sencillamente no se busca nada, y se acepta todo lo que llegue tal como es, sin analizarlo, sin juzgarlo, sin observarlo, sin expulsarlo... En ese sentido, podría resultarte inspirador saber más sobre la práctica de *shikantaza* reali-

zada en el soto zen. Es una forma de denominar a la práctica del zazen sin hacer ni esperar nada más, algo que a menudo se asimila con «solo sentarse».

- Haces lo mismo, pero sin dejar que llegue nada. Intentas parar la película. Cada vez que llega una experiencia, la expulsas cuanto antes.
- Combinas la atención plena con la visualización. Por ejemplo, cuando llega un pensamiento, visualizas cómo lo atrapas en una esfera o una especie de burbuja, y soplas para que se marche.

Estas son algunas de las formas de emplear la atención con un enfoque más o menos abierto, pero no concentrado. Según el tipo de práctica, pueden aplicarse diferentes nombres —como consciencia sin elección—, aunque en este momento no nos adentraremos en esos matices. Independientemente del nombre específico que se le asigne según la técnica empleada, nuestro interés principal es aplicar la atención plena con el fin de mejorar la concentración. Los diferentes métodos de atención plena te conducen a la observación desde el punto de vista correcto: en lugar de identificarte con el falso yo, te sitúas en el papel del verdadero observador, quien piensa tus pensamientos, quien siente tus emociones, quien experimenta tus sensaciones físicas... Las experiencias que te ocurren, tanto las buenas como las malas, las vives como una combinación más o menos compleja de pensamientos, emociones y sensaciones, y es muy fácil identificarse con esas formaciones. Cuando observas con atención plena, todo eso lo ves como algo ajeno. No sientes identificación, y eso te hace libre de todo efecto adverso. Por ejemplo, si alguien te insulta, es posible que sientas una sensación desagradable, que pienses en cómo vengarte, o que se te ocurran ideas sobre lo que deben estar pensando los demás sobre ti, o que tengas miedo de lo que pasará mañana... Pero con atención plena te darás cuenta de que todo eso es ajeno a ti. ¡Tú no eres todo eso! Se trata de algo que vive tu personalidad, pero tú no eres tu personalidad, y lo tienes muy claro. Lo vives desde cierta distancia, como si no fuera cosa tuya, y eso hace que puedas tomar mejores decisiones al respecto y que veas las cosas como son en realidad, libres de las ilusiones y películas mentales que el ego crea para ti.

Como ya hemos visto, la concentración evita que el ego pueda tocarte. Una mente concentrada no puede ser dañada por el falso yo. Por otro lado, una mente que observa con atención plena ve al ego tal como es, con distancia, como algo distinto y ajeno, y no se deja engañar por él. ¡Son dos formas de lidiar con éxito con el oponente interior! Una te protege de él con un escudo protector, y la otra te permite delatarle y descubrir su falsedad y evita que logre engañarte.

Unir la atención plena y la concentración

Hay ocasiones en que al practicar la concentración la mente da saltos sin parar, y no logras calmarla. Esperas que la concentración te ayude a resolver el problema, pero con una mente tan rebelde, resulta muy difícil —si no imposible— practicar. En esas situaciones te cuesta arrancar, ya que no logras concentrar la mente ni un momento, e incluso te alejas de los pasos que hay que seguir y das saltos de unas distracciones a otras. Puede llegar a ser muy frustrante y, desde luego, en esas circunstancias, la decisión más sabia es abortar la misión. Hay quien prefiere esperar unas horas y volver a intentarlo en otro momento en el que las aguas mentales se hayan calmado. Sin embargo, hay otras soluciones, y la atención plena te ofrece un enorme potencial para convertir ese aparente problema en una gran oportunidad.

En esos casos, te recomiendo probar a meditar usando alguna de las técnicas de observación basadas en la atención plena que comentaba en la sección anterior, y dirigirlas a tus pensamientos. Para ser más concreto y práctico, voy a tomar una de ellas y a proponerte una técnica que funciona muy bien. Recordarás que en un capítulo anterior ya te avancé algo sobre los beneficios de la consciencia sin elección para lidiar con una mente agitada. Aquí me gustaría ser más preciso y ofrecerte una técnica específica, más amplia y estructurada para lograrlo:

1. **Comienza la práctica** de la forma habitual.
2. **Mantén una actitud totalmente receptiva.** No hagas ningún esfuerzo por concentrarte en nada. Sencillamente espera a que llegue a tu «pantalla mental» cualquier pensamiento. Si tu mente está agitada, no deberían tardar demasiado en llegar.
3. **Cuando aparezca cualquier pensamiento, simplemente obsérvalo.** Mira cómo llega, como progresa y cómo se va.
4. **Solo observa.** No intervengas. No intentes retener los pensamientos agradables para que se queden. No trates de expulsar los desagradables para que se vayan. Que los pensamientos lleguen y se vayan cuando ellos quieran. No juzgues ni analices los pensamientos. Solo obsérvalos, como si no fueran cosa tuya. ¡El objetivo es precisamente ese! Tienes que llegar a experimentar que esos pensamientos son en verdad ajenos a ti. ¡Tú no eres tus pensamientos! Mientras creas que lo eres, significa que te estás identificando con parte de tu personalidad, y estás cayendo en las ilusiones del ego. Recuerda que la personalidad es un vehículo de expresión para quien realmente eres, que es quien realmente se expresa. Igual que no crees ser tu coche cuando lo conduces, ¡no confundas al alma con su vehículo de expresión!
5. **Si un pensamiento te hace reír, ¡ríe a carcajadas!** Como no es cosa tuya, te puedes reír tan a gusto como lo harías si estuvieras viendo a un cómico en una película, y nunca sentirás que te estás riendo de ti mismo. ¡Te ríes del ego, pero no de ti mismo, esa es la clave! En el tarot, la ilusión de separación propia del ego se simboliza en el arcano quince, el diablo. Si te fijas bien, ese diablo no es un personaje terrorífico.

Es un ser ridículo. Como diablo se le podría considerar un auténtico esperpento... ¡Invita a reírse de él! Y ese es el mensaje, y esa es la realidad: muy a menudo las ilusiones del ego son para reírse de ellas. Sin embargo, nos identificamos con ese personaje y no somos capaces de verlo. ¡Ahora estás practicando para salir de ese error!

6. **Si un pensamiento te da ganas de llorar, no frenes las lágrimas.** Acuérdate de cuando lloras viendo una película, y aplica la misma actitud, porque esos pensamientos son como actores que trabajan bajo la dirección del ego en su propia película. Puedes llorar perfectamente con ellos sin sentirte identificado; es decir, sabiendo que tú no eres esos pensamientos.
7. **Si te das cuenta de que has caído en una cadena de razonamientos,** análisis, etc., no pasa nada. Sencillamente, realiza dos o tres respiraciones lentas y profundas, y vuelve a permanecer en estado receptivo; es decir, retorna al paso dos.
8. **Termina** tras unos cinco minutos de práctica.

Te recomiendo que lo conviertas en una práctica regular, porque así irás dominándolo, y entonces te resultará cada vez más fácil y eficaz utilizarlo cuando lo necesites. Pero recuerda que este ejercicio no solo es útil para los días en que te cueste practicar la concentración. Es un entrenamiento increíble para aprender a observar desde tu verdadera identidad, lo que te pondrá cada vez en mejores condiciones para tener al ego bajo control. Por volver a mencionar el tarot, irás entrenándote para dominar tu naturaleza inferior, como esa figura humana que controla y guía dócilmente a ese león en el arcano ocho, la fuerza —con el que te recomiendo meditar—. Irás poniéndote en mejores condiciones para lograr que el «yo» único que se expresa a través de todo y de todos actúe a través de ti, y que tu personalidad se ponga a su servicio, como se refleja en el arcano siete, la carroza.

También puedes aplicar el mismo ejercicio a la observación de otros tipos de experiencias, como, por ejemplo, las emociones, o las sensaciones físicas. Esto último resulta muy útil cuando tienes días en los que has acumulado muchas tensiones corporales, que no te dejan en paz. Como ya sabes, intentar meditar en esas condiciones no es nada recomendable, ya que las tensiones corporales se convierten en distracciones. Si aplicas la atención plena, puedes convertir esa meditación de concentración —que no logras completar— en otro tipo muy poderoso de entrenamiento meditativo. Y, ¿quién sabe...?, ¡es muy posible que te lleves una bonita sorpresa y logres relajar el cuerpo, y pasar así a practicar la concentración en mejores condiciones!

Con este breve, pero importante capítulo hemos hecho una especie de inciso. Ahora seguiremos hablando de la concentración, porque todavía hay mucho que decir. Hasta aquí hemos hablado de la práctica «formal» de la concentración, de forma regular, retirándose durante un tiempo, etc. Pero la concentración también puede aplicarse en las más diversas situaciones de la vida cotidiana. *A priori*, por lo que te comentaba al comenzar este capítulo, esto puede sorprenderte: el *mindfulness* es mucho más versátil, es verdad. Sin embargo, eso no impide que la concentración bien practicada te proporcione beneficios que pueden ayudarte a solucionar situaciones de la vida cotidiana, e incluso proporcionarte miniprácticas que puedes incorporar en tu vida cotidiana para resolver las más variadas situaciones. Todo esto lo abordaremos en el próximo capítulo.

Capítulo 10

Prácticas de concentración para la vida cotidiana

En este capítulo llevaremos la concentración todavía más lejos y le daremos un sentido de aplicación práctica aún mayor. En efecto, es posible practicar la concentración durante la vida cotidiana, y eso tiene muchos beneficios:

- Reforzarás cada día tu entrenamiento de la concentración.
- Llevarás a tu vida cotidiana el poder de concentración que hayas desarrollado.
- Se reflejarán en tu vida cotidiana los beneficios de la práctica regular de la concentración que ya conoces bien.

El día a día nos ofrece numerosas oportunidades de practicar la concentración que merece la pena aprovechar. En las próximas secciones voy a compartir contigo algunas formas muy poderosas de hacerlo.

Antes de comenzar este apasionante recorrido, es importante que te haga una advertencia: ¡eres responsable de tu seguridad! ¿Por qué te digo esto? Reitero lo que ya te dije en el capítulo anterior: la concentración no puede practicarse en cualquier sitio y de cualquier manera, porque podrías estar poniendo tu seguridad en peligro. Como bien sabes, concentrarse requiere aislarse de todo para centrarte en una sola cosa, y en determinadas situaciones eso puede representar un peligro para tu integridad personal. Ya te puse el ejemplo de practicar mientras conduces; otro ejemplo sería hacerlo mientras paseas por una gran ciudad... ¡Te puedes matar! Eres responsable de tu seguridad y debes aplicar el sentido común a la hora de llevar a la práctica los ejercicios que aquí aprenderás. Como digo, suele bastar con un mínimo de sentido común, pero si para alguna aplicación práctica —y es imposible anticiparlas todas aquí— tuvieras dudas, entonces, para curarse en salud, mejor no lo hagas.

En general, si quieres una recomendación basada en el sentido común, recuerda que la concentración no está hecha para ser practicada durante la realización de tareas de la vida cotidiana. Esto último está más adaptado al *mindfulness*. Para practicar la concentración, la idea es retirarse unos pocos minutos —dos o tres— a un lugar donde estemos seguros, tranquilos, y sin que nos molesten. Después, volveremos a la vida cotidiana para realizar nuestras tareas, pero con la diferencia de que gracias a haber concentrado la mente las haremos en mejores condiciones.

Por ejemplo, imagina que tienes que manejar una máquina que requiere que tu atención esté puesta por completo en los pasos que debes seguir, ya que, en caso de equivocarte, podrías poner en riesgo tu integridad o la de otras personas. En ese caso, nunca debes practicar la concentración mientras manejas la máquina: de acuerdo a lo que te comentaba antes, eso no tiene sentido. Sin embargo, por dar un ejemplo, si cada hora tienes que hacer una pausa de diez minutos, podrías aprovechar cinco de esos minutos para retirarte a un lugar tranquilo y practicar la concentración. Cuando vuelvas, tendrás todavía otros cinco minutos de descanso, y cuando te pongas a manejar de nuevo la máquina, lo harás con energía renovada y una mente mucho más enfocada. Y, lo más importante, sin poner en juego tu seguridad ni la de otras personas. ¡Así sí!

Resulta importante aclarar que la concentración no es (ni reemplaza a) ningún tipo de terapia. No es una solución para ninguna patología, y no es ni fácil ni rápida ni cómoda. Por ejemplo, en caso de problemas de salud mental, es muy importante que consultes con el profesional médico apropiado si deberías practicar la concentración o no hacerlo.

Ahora veremos una primera forma de practicar...

Concentrarse mirando un objeto

Imagina que estás en una sala de espera, y no sabes cuánto tiempo pasarás allí. Mentalmente podrías decirte: «Venga, voy a dedicar un par de minutos a practicar la concentración mirando un objeto». El lugar parece seguro —si consideras que no lo es, entonces déjalo—, y existe una técnica ideal para momentos como ese: simplemente mirar algo concreto. Los pasos son los siguientes:

1. **Selecciona algún objeto bien diferenciado** y, a poder ser, lo más simple posible. Algunos ejemplos: un jarrón, un objeto de decoración, una figura, un interruptor, el pomo de una puerta —mucho mejor si sabes que durante la práctica no se abrirá ni cerrará—, una bandeja, etc. Las posibilidades son inmensas... Si te digo que sea simple es para evitar distracciones innecesarias. Por ejemplo, si escoges algo que contiene texto, no es raro que te pongas a leerlo sin darte cuenta y te desvíes de la práctica central.
2. **Realiza dos o tres respiraciones** lentas y profundas.
3. **Fija la mirada en el objeto elegido, y obsérvalo.** Solo se trata de mirarlo. No lo analices. No lo descompongas en partes. No interpretes lo que ves. No pongas etiquetas mentales. Tan solo míralo, es lo único que hay que hacer en esta práctica.
4. **Si tu atención se va a cualquier otra parte,** pensamientos, razonamientos, recuerdos, sensaciones físicas, imágenes mentales, etc., **devuelve la atención al objeto** y sigue simplemente mirándolo.
5. **Termina** al cabo de dos o tres minutos.

Se trata de una práctica muy poderosa que obviamente necesita que invirtamos un esfuerzo en ella. Al principio cuesta bastante, eso está claro. ¡No te desanimes si te distraes mucho, ya que es completamente normal! Merece la pena perseverar y aprovechar cualquier ocasión que se nos presente para practicar de nuevo. ¡Es un tiempo muy bien invertido! Constituye un refuerzo estupendo de tu poder de concentración, y muchas veces te ayuda a calmar la mente, a pensar más claro y a crear una especie de separación en la que dejas una tarea y te aproximas a otra con energía renovada, como si hubiera pasado mucho más tiempo.

Incluso puede llegar a ser útil para superar situaciones desafiantes. Recuerdo una ocasión en la que tuve una intervención dental delicada, que requería de condiciones operatorias muy estrictas y de mucha paciencia por mi parte. Tenía que esforzarme en ser un buen paciente, para aguantar durante toda la operación sin poner las cosas difíciles al dentista. Opté por practicar la concentración utilizando una secuencia de técnicas. Primero dediqué dos o tres minutos a contar respiraciones en el abdomen —de esto te hablaré más adelante en este mismo capítulo— y después me centré en practicar mirando un objeto. Tenía toda la cara cubierta, solo con la boca al descubierto, pero existía un pequeño ángulo que me dejaba ver la lámpara con la que me estaban iluminando la cavidad bucal, y había una pequeña figura —supongo que sería el logotipo del fabricante— que podía ver todo el tiempo. ¡Así que utilicé esa figura como objeto de concentración! Gracias a ya tener cierta práctica anterior, me resultó mucho más fácil concentrarme, y realmente ¡fue como una anestesia! De hecho, hubo un momento en que me quedé dormido, y la operación se me hizo muchísimo más corta. El dentista me felicitó por mi cooperación y por ponerle las cosas más fáciles, algo que me llenó de alegría. Valió la pena, se mire como se mire. Esta es una anécdota que vivió este servidor, y que no le deseo a nadie, obviamente... Pero no tiene por qué resultar igual de eficaz para todo el mundo; esto no es una ciencia exacta, y cada persona y situación son mundos aparte, y tú deberás encontrar tus propios casos de uso y armarte con tu propia «caja de herramientas» de concentración. Desde luego, lo más importante es la práctica regular, no me cansaré de decirlo.

Concentración caminando

Hay otra forma de ejercitar la concentración que puede convertir un paseo en una experiencia —literalmente— inolvidable y transformadora. Se trata de practicar mientras caminas. Aquí tengo que volver a advertirte sobre la seguridad, ya que se trata de un caso especial y que debes considerar con gran seriedad: ¡elige con responsabilidad dónde practicas! Este caso particular es una excepción con respecto a lo comentado en la sección anterior, ya que no se trata de retirarse. Precisamente por ello, hay que tomar precauciones.

Debes elegir cuidadosamente el lugar adecuado, asumir tu responsabilidad y pensar en tu seguridad y la de los demás. Por supuesto, no puedes ponerte a meditar caminando en mitad de una ciudad o cruzando vías, ya que correrías un enorme peligro. Estos ejemplos son tan obvios que parecen de broma. Sin embargo, la capacidad de algunas personas para convertir una práctica sencilla en una barbaridad peligrosa es inmensurable (puedes creerlo), de ahí que me sienta obligado a mencionar lo que aparenta ser evidente. Mi consejo es que practiques en un lugar seguro y tranquilo, en el que no tengas que estar todo el tiempo evitando obstáculos. Si el recorrido es un circuito cerrado, incluso mejor. Por ejemplo, hay quien prefiere practicar en una playa al amanecer, en un parque, en un paseo marítimo, etc. Las instrucciones son las siguientes:

1. **Realiza tres respiraciones** lentas y profundas para centrarte.
2. **Empieza a caminar y déjate llevar.** No controles el acto de caminar. Deja que los pies anden solos.
3. **Lleva tu foco de atención mental a los pies** y observa tus pasos.
4. **Cuenta mentalmente los pasos** conforme se produzcan: «uno», «dos», «tres», etcétera.
5. **Si pierdes la cuenta significa que te has distraído.** En ese caso, vuelve lo antes posible al paso tres.
6. **Termina cuando lo consideres oportuno.** Te recomiendo no sobrepasar los cinco minutos (diez como máximo).
7. **Si te encuentras en un escenario natural,** dedica uno o dos minutos a fundirte con el entorno. Observa lo que te rodea, escucha los sonidos, disfruta...

¡Ya verás qué maravilla! Y cuanto más se practica, más se disfruta. En varias ocasiones me he encontrado con alguna persona que me ha dicho que el paso dos es difícil. Y me hace gracia, porque parece que no tienen límite las excusas del ego para quejarse y no practicar... Me dicen que es difícil dejar los pies andando así, sin más, sin controlarlos... ¡En realidad no es así! ¡Eso solo se lo cree el ego! La gran mayoría de los seres humanos en este planeta pasan el día andando por ahí, con los pies funcionando en «piloto automático» y, mientras tanto, con la mente en otro sitio: reuniones, problemas que resolver, recuerdos, preocupaciones, recordar una película, temer cosas que probablemente no ocurrirán... En este ejercicio se trata de hacer exactamente lo mismo, pero poniendo la atención en los pies en lugar de en las preocupaciones. Es una sutil pero enorme diferencia. ¡No hay excusas!

Si deseas profundizar en la práctica, un ejercicio excelente consiste en sentir los pasos al caminar en otras partes del cuerpo, además de en los pies. Cada paso genera vibraciones que pueden percibirse en diversas áreas del cuerpo, lo que abre un inmenso campo de posibilidades para trabajar la concentración mientras caminas. Esta técnica no solo amplía tu consciencia corporal, sino que también enriquece tu experiencia meditativa al permitirte practicar y fortalecer tu capacidad de atención de manera más integral.

Concentración con mantras

Un ejercicio excelente para alcanzar serenidad interior y armonía consiste en meditar con un mantra. Resulta en especial eficaz en los momentos del día en que necesitas pasar de una tarea estresante a otra —que quizá lo es más— y te faltan las fuerzas. Produce una especie de distancia entre una actividad y la siguiente... Como si hubiera ocurrido hace mucho tiempo, dejas atrás eso que tanto te ha estresado y te pones frente a la labor siguiente con una energía totalmente renovada. También es muy eficaz cuando has vivido situaciones muy tensas, que te han generado una sensación de malestar que acarreas durante horas. Te quitará cinco minutos o menos, y sería una pena que no lo probaras.

Por supuesto, como ocurre con todos los ejercicios, hace falta un poco de práctica para apreciar resultados, pero debo decirte que es una de esas técnicas que suelen ofrecen efectos agradables desde los primeros intentos. Se practica así:

1. **Retírate a un lugar donde no puedan molestarte durante unos cinco minutos.** Puede llegar a ser incluso menos tiempo.
2. **Comienza la práctica** de la forma habitual.
3. **Deja que la respiración funcione a su propio ritmo,** sin forzarla. Obsérvala durante cuatro o cinco ciclos de inhalación y exhalación (por ejemplo, prestando atención al abdomen).
4. **Al ritmo que marque tu respiración, repite vocal o mentalmente** —dependiendo de la situación en que te encuentres— un mantra, pequeña oración o afirmación de tu elección. Te

recomiendo elegir uno que tenga para ti un significado espiritual importante.

5. **Continúa la repetición durante tres o cuatro minutos más.** Ten presente que es la respiración la que marca el ritmo al que debes adaptar la recitación del mantra.
6. **Si pierdes la atención,** vuelve al paso tres.
7. **Termina la práctica** cuando llegue el momento.

¡No dejes de probar este ejercicio! Te conecta con una paz enorme, y ya verás cómo los demás también la perciben. Es una práctica estupenda que suele hacer mucho más agradable y llevadera cualquier jornada, sobre todo las que se presentan más duras.

Contar respiraciones

En capítulos anteriores ya hemos abordado el desarrollo de la concentración contando respiraciones, y si lo has ejercitado con regularidad habrás percibido múltiples beneficios. Ese enorme potencial puede llevarse también a la vida cotidiana mediante una práctica más breve:

1. **Inicia la práctica** de la forma habitual.
2. **Retírate a un lugar donde no puedan molestarte** durante unos cinco minutos. Puede llegar a ser incluso menos tiempo.
3. **Deja que la respiración funcione a su propio ritmo,** sin forzarla, y obsérvala en la zona abdominal.
4. **Cuando venga una inspiración** —el abdomen se expandirá—, cuenta mentalmente «uno, uno».
5. **Cuando llegue una exhalación** —el abdomen se contraerá—, cuenta mentalmente «dos, dos».
6. **Sigue contando de la misma forma, sin límite:** «Tres, tres», «cuatro, cuatro», etcétera.

7. **Si pierdes la cuenta,** vuelve al paso tres.
8. **Continúa durante cinco minutos** y termina la práctica.

Esta forma de meditación proporciona una paz enorme. Al igual que la meditación con mantras resulta muy eficaz tras situaciones tensas. En general, si la llevas a la vida cotidiana y la instalas en ella verás que resulta de gran eficacia para combatir el estrés. Antes de adoptarla, te recomiendo listar en tus notas qué tareas te causan más estrés. Cuando lleves varias semanas aplicando diariamente esta técnica, haz una revisión de lo que anotaste, y evalúa qué cosas han cambiado, en especial referidas al estrés. ¡Es probable que te lleves una sorpresa!

Las cuentas mentales son una herramienta excelente, en particular para quienes están empezando. Si en algún momento sientes que ya no te resulta necesario recurrir a ese apoyo, puedes prescindir de él, y sencillamente observar los movimientos del abdomen.

Además, con el tiempo puedes crear tus propios retos. Por ejemplo, puedes plantearte el desafío de llegar a contar hasta cincuenta —o cien, o más—. También puedes empezar desde cincuenta —o más— hasta cero, marcha atrás. ¡Deja que la imaginación te guíe! Todo irá llegando a su tiempo.

Concentración usando sonidos

En los diversos escenarios de la vida cotidiana nos rodea un panorama constante de sonidos. Si te encuentras en una situación en la que dispones de dos o tres minutos para hacer una meditación rápida utilizando esos elementos auditivos, ¡no desaproveches la oportunidad!

Como mínimo, es necesario un entorno en el que puedas concentrarte en los sonidos que te rodean, sin que haya interrupciones constantes ni que interfieran otros sonidos inesperados. Si hay un entorno ruidoso, con demasiadas fuentes sonoras, etcétera, quizá no resulte el más indicado para practicar. Vale la pena que sea un lugar tranquilo, en el que puedas identificar con claridad alguna fuente de sonido que destaque sobre las demás y que creas que se mantendrá unos minutos —aunque suene de forma intermitente—. De otro modo, si te concentras en un sonido y luego viene de repente otro que lo «machaca», la práctica dejará de tener sentido.

Si la situación es propicia, tienes la oportunidad de convertir esas vibraciones sonoras en un objeto de concentración muy poderoso. Por ejemplo, imagina que te encuentras en un banco en un parque; allí podrías concentrarte, por ejemplo, en el canto de un pájaro en particular. Por dar otro ejemplo, si estuvieras en la playa, podrías elegir el sonido de las olas. Estas son las indicaciones para pasar a la práctica:

1. **Cierra los ojos y practica respiraciones** lentas y profundas para centrarte.
2. **Identifica el sonido que vas a emplear como objeto de concentración,** y pon toda tu atención en él.
3. **Simplemente escucha ese sonido.** No intentes analizarlo, ni desglosarlo en partes, ni asociarlo a ninguna idea ni descifrar de dónde procede, etc. Tan solo escucha, con toda tu atención... No pienses cosas como «es un pájaro», «está lejos», «se repite una vez por segundo», etcétera.
4. **Si cualquier distracción capta tu atención,** ya sea otro sonido, un pensamiento, una sensación, etc., vuelve lo antes posible al paso tres.
5. **Termina la práctica** tras dos o tres minutos.

Si no encuentras un lugar para practicar, hoy en día afortunadamente disponemos herramientas increíbles para crearlo nosotros mismos. Por ejemplo, en plataformas como YouTube puedes encontrar de forma gratuita sonidos relajantes de ambientes naturales como playas, cascadas, entornos de montaña, etcétera. ¡No hay excusa para no practicar!

Meditar con un reloj

Si tienes un reloj de «los de toda la vida» —es decir, no digital, sino de agujas—, tienes una oportunidad excelente para trabajar la concentración empleándolo como soporte. Se trata de un ejercicio basado en el sonido, aunque no es igual que el anterior. Nos interesa en particular el sonido del tictac del reloj. Por lo tanto, es necesario encontrar un lugar muy tranquilo y silencioso donde no nos molesten durante dos o tres minutos. Necesitamos en especial tales condiciones para poder escuchar correctamente ese tictac tan característico de los relojes clásicos. Se procede del siguiente modo:

1. **Sitúate cerca del reloj,** de forma que puedas escuchar el tictac.
2. **Cierra los ojos y realiza tres respiraciones** lentas y profundas para relajarte.
3. **Lleva toda la atención al tictac** del reloj.
4. **Cuando llegue un tictac, con la voz de tu mente cuenta «uno».** Cuando llegue el siguiente, cuenta «dos». Sigue así, sin límite...
5. **Si pierdes la cuenta, significa que has perdido la atención.** En ese caso, no hay problema alguno; sencillamente, vuelve al paso tres.
6. **Termina** tras dos o tres minutos.

Cuando adquieras cierta práctica, podrás eliminar las cuentas mentales, y el objetivo será escuchar el tictac, sin más —y si te distraes, vuelve a poner la atención en dicho sonido—. Por cierto, si no tienes uno de esos relojes, no hay excusa para no practicar, puesto que existen alternativas: en YouTube puedes encontrar vídeos con la imagen del reloj y su tictac durante bastante tiempo. ¡Algunos llegan hasta doce horas![1]

Contar mentalmente

En páginas anteriores hemos aplicado las cuentas mentales con la respiración y otros objetos de concentración. Conviene indicar que también es posible emplear las cuentas, por sí mismas, como el objeto principal de la práctica. Es un ejercicio que merece la pena tener en la caja de herramientas de concentración, porque puede ser útil en algunas situaciones en las que necesites relajarte y centrar la mente.

Sencillamente, se trata de contar mentalmente, despacito, pero sin pausa. Y si pierdes la cuenta, empezar desde el principio. Una buena técnica consiste en contar en sentido descendente, por ejemplo, comenzando desde cien. Si llegas a cero o si pierdes la cuenta, empieza de nuevo desde cien. También puedes contar de dos en dos, o usar otros intervalos, o crear tus propias formas más sofisticadas de contar. Te animo a probarlo y practicarlo de vez en cuando para tenerlo listo cuando lleguen momentos en los que pueda resultarte útil. Personalmente, me ha resultado de gran ayuda en momentos en los que por razones que no he sabido explicar, me he encontrado con la mente agitada, con dificultad para concentrarme, y he necesitado alguna solución rápida por disponer de poco tiempo y no tener la oportunidad de retirarme a otro lugar para practicar otras técnicas. En esos casos, las cuentas mentales me han aportado una gran mejora, y en algunos casos, han resuelto el problema con rapidez.

1. https://youtu.be/2-dRMmG_66s

Contar pensamientos

Centrándonos en contar pensamientos, ahora saquemos partido de la poderosa combinación entre atención plena y concentración. Se practica como sigue:

1. **Encuentra un lugar tranquilo donde sentarte** sin que te molesten durante tres o cuatro minutos.
2. **Siéntate cómodamente y con la espalda recta,** cierra los ojos y practica dos o tres respiraciones lentas y profundas para centrarte.
3. **Lleva tu atención al abdomen.** Observa allí los movimientos de expansión y contracción relacionados con la respiración. No fuerces la forma de respirar, solo observa los movimientos del abdomen.
4. **Cuando a tu mente venga cualquier pensamiento,** sea del tipo que sea (imágenes mentales, recuerdos, símbolos, razonamientos, etc.), **cuenta «uno, uno»**. Deja que el pensamiento evolucione como desee hacerlo hasta que se vaya.
5. **Repite el proceso desde el paso tres,** incrementando cada vez la cuenta: «Dos, dos», «tres, tres», etc. Si pierdes la cuenta, vuelve al paso tres y empieza a contar desde uno.
6. **Termina** tras tres o cuatro minutos.

Contar objetos

Contar cosas es una práctica estupenda para trabajar la concentración. Una forma muy directa consiste en contar los objetos que tienes ante ti. Por ejemplo, si estás observando una mesa, recorre paulatinamente lo que hay en ella, y cada vez que veas un objeto, cuenta mentalmente «uno», «dos», etc. Si te lías y pierdes la cuenta, no pasa nada, simplemente repite el proceso.

Hace casi treinta años, cuando mi esposa y yo éramos novios, muchos fines de semana íbamos al cine. Éramos muy puntuales, y a veces llegábamos demasiado pronto y no teníamos nada que hacer. Se nos ocurrió un juego muy simple pero divertido: contar las personas que pasaban. A veces contábamos los coches que pasaban por la calle. Incluso lo convertíamos en una competición. Por ejemplo, yo contaba los coches blancos y ella los rojos, y ganaba quien en diez minutos llegara a un número más elevado. Otras veces, uno contaba los hombres que pasaran y el otro las mujeres, o elegíamos el color de la chaqueta. El juego nos dio muchas posibilidades, se nos pasaba el tiempo a toda velocidad, y lo pasábamos muy bien. Esto era así porque cuando estás con alguien a quien quieres hasta las cosas más simples se convierten en las más divertidas del mundo. Por otro lado, al jugar así practicábamos la concentración.

En aquellos tiempos, ya me llamó la atención que a veces entraba al cine con una mente más serena y con una sensación de paz interior enorme, y me di cuenta de que coincidía con los días en que habíamos jugado a nuestro juego. No es raro que más de dos décadas después lo comparta aquí contigo, deseando que también juegues e incluso que elabores tus propias adaptaciones. Por cierto, si te encuentras en algún momento frente al mar y te apetece practicar, contar las olas del mar es también un ejercicio de concentración fabuloso.

Combinar prácticas

Los ejercicios que has conocido en las secciones anteriores son realmente poderosos y ofrecen un potencial enorme. Pero solo si practicas con regularidad podrás experimentarlo. ¡No hay otra forma y, como ves, no me canso de insistir! Por eso desde aquí deseo retarte a practicar estas técnicas. ¡Que no pase un día sin que utilices una o varias!

No quiero dejarlo tan solo en un reto, sino que deseo darte algunas pautas para que entres en acción y lo culmines con éxito.

En concreto, te recomiendo lo que a mí me gusta llamar «la regla del veintidós». Ese número se compone de dos cifras con el mismo valor (dos). Si visualizas el número, te recordará el mensaje principal que deseo transmitirte: «**Dos** minutos cada **dos** horas». Esa es la forma práctica que te recomiendo para abordar el reto: cada dos horas, detén tus tareas durante un par de minutos, y haz alguno de los ejercicios de las secciones precedentes. ¡Te garantizo que transformará tu vida!

Entiendo muy bien que no todas las personas viven las mismas circunstancias de vida, ni tienen el mismo trabajo, y me parece razonable considerar que para algunas personas puede resultar complicado encontrar la forma de parar dos minutos cada dos horas —por ejemplo, en el trabajo—. En ese sentido, quiero aclarar que, si no te resulta posible, no es obligatorio que lo hagas de esa manera. Lo importante es que lo hagas en promedio. ¿Qué significa esto? Veamos: hablamos de dos minutos cada dos horas durante la jornada. Suponiendo que duermes ocho horas cada día —como recomiendan muchos expertos en salud—, tu jornada dura dieciséis horas. Entonces, en promedio, dos minutos cada dos horas se traduce en dieciséis minutos para repartir durante el día como mejor puedas.

Te reto a hacerlo, porque cambiará tu vida, ya lo verás. Si por alguna remota casualidad estás pensando que no tienes ese tiempo, permíteme decirte lo siguiente: quizá te engañes a ti mismo, pero no me vas a engañar ni a mí ni mucho menos, a tu conciencia. Si realmente crees que no tienes tiempo para repartir dieciséis minutos durante el día para hacer pequeñas prácticas meditativas, entonces no es necesario que me presentes ningún argumento ni a mí ni a nadie más. De todo corazón, mi consejo es que te retires a un lugar tranquilo, cierres los ojos y reflexiones, ante tu propia conciencia, sobre cómo gastas el tiempo cada día. Si lo haces con absoluta sinceridad y honestidad, reconocerás que cada día gastas mucho tiempo en cosas que no son realmente importantes, que no aportan nada ni a tu misión en la vida ni a tu visión ni a tu felicidad ni a la de nadie más. ¡Todos malgastamos mucho tiempo así, y suele ser muchísimo más que dieciséis minutos! No te estoy pidiendo que uses todo ese tiempo en meditar. Tan solo te pido que utilices una minúscula fracción de ese tiempo —dieciséis minutos— y los repartas durante la jornada para practicar la concentración con las técnicas que hemos visto en este capítulo. Nunca, de ninguna manera, serán dieciséis minutos perdidos. Es una inversión brutal en tu felicidad, y a largo plazo esos minutos se convertirán en montones de horas de tiempo ganadas. ¡Pruébalo con entrega y paciencia, y lo veras con tus propios ojos!

¡Ánimo! ¡Tú puedes hacerlo, y estoy seguro de que lo lograrás! Recuerda que en esta vida todo cuesta un esfuerzo, y aquí no estamos hablando de apuestas, sino de un trabajo que, si le pones toda tu entrega, te devolverá recompensas increíbles en todos los planos de tu vida.

Capítulo 11

Aplicar la concentración a situaciones concretas

En el capítulo anterior hemos aprendido formas muy eficaces de practicar la concentración en situaciones que la vida cotidiana nos ofrece. También te he motivado a esforzarte por encontrar esas ocasiones, e incluso crearlas.

Además de aprovechar momentos del día para practicar, la concentración puede ayudarnos a superar con mayor eficiencia y eficacia numerosas situaciones que —inesperadamente o no— se presentan ante nosotros en la vida cotidiana. Eso es lo que abordaremos en el presente capítulo. Es decir, mientras que el capítulo anterior se volcaba en aprovechar la jornada para practicar, aquí veremos la forma de usar la concentración como ayuda para superar diversas circunstancias de la vida. Evidentemente, y es algo en lo que he insistido en capítulos precedentes, para obtener buenos resultados es necesario partir de la base de una concentración bien entrenada. Cuando más ejercitada esté, mejor te funcionará para ayudarte cuando la necesites.

En consecuencia, no puedo dejar de insistir en que:

- ◊ Practiques cada día la concentración empleando las prácticas «formales» que hemos ido viendo en los capítulos anteriores.
- ◊ Encuentres durante la jornada breves períodos para reforzar la concentración. ¡No olvides la regla del veintidós!

Si partes de esa base, tendrás una facultad muy bien entrenada y lista para ayudarte cuando más la necesites para surcar con valor, fuerza y serenidad interior las olas de la vida y las turbulencias que puedan presentarse. El propósito de este capítulo es explicarte cómo hacerlo.

Debido a que el contenido central se encuentra repartido en una serie de anexos, se trata de un capítulo muy breve. Obviamente, es imposible reflejar aquí todas las posibles situaciones con las que te encontrarás. Sin embargo, se presenta una guía con mucho contenido que es probable que puedas extrapolar a otras situaciones que no se mencionan allí, y que también te inspirará para crear tus propias «fórmulas» para lidiar con situaciones particulares de tu propia vida imposibles de predecir y catalogar en un libro.

Cada uno de los anexos que siguen a este capítulo final están dedicados a una categoría particular de situaciones. En cada anexo encontrarás una serie de «fichas» dedicadas a propósitos concretos según qué se pretende lograr o qué tipo de situación se enfrenta. En cada ficha se incluye la siguiente información:

- Título: describe brevemente el propósito concreto que aborda la ficha.
- Descripción: explica con cierto detalle el escenario concreto en que se puede aplicar la concentración como ayuda.
- Instrucciones de meditación: explica los pasos que hay que seguir para aplicar la concentración en la situación considerada. Para evitar repeticiones, en la medida de lo posible se hará referencia a meditaciones ya desarrolladas en capítulos anteriores y se explicará cómo proceder de la forma más sencilla posible.
- Notas: un espacio reservado para que escribas tus propias anotaciones, de forma que puedas encontrarlas allí las próximas veces que consultes la ficha. Este no es un libro para leer y dejar en una estantería. Es un manual y un

compañero de viaje, por lo que es importante que dejes en él tu propia huella.

- Comentarios: en este campo se presentarán comentarios, advertencias, consejos y, en general, cualquier anotación que pueda resultarte útil en la aplicación de la ficha.
- Referencias: cuando proceda, aquí se incluirán referencias a técnicas explicadas en capítulos anteriores, otros recursos que puedes encontrar en internet, libros, etcétera.

Te aconsejo que no esperes a que llegue una determinada situación para buscar la ficha correspondiente y aplicarla. Mi recomendación es que las leas todas, de forma que te familiarices con ellas, aunque aún no las hayas aplicado. Cuando llegue el momento, te resultará más fácil dar justamente con lo que necesitas. Además, el subconsciente estará trabajando en todo ello, porque le habrás dado «alimento» que procesar, y es probable que como por arte de magia surjan ideas de aplicación que no están en las fichas... Si esto ocurre, ¡te recomiendo anotarlas lo antes que puedas en las fichas apropiadas!

Esas fichas te proponen ejercicios muy poderosos, pero no son fórmulas obligatorias. Conforme los practiques, irás haciéndolos tuyos e imprimiéndoles tu propia «firma». Además, aprenderás a adaptarlos a diferentes situaciones (por ejemplo, en casos en que dispones de pocos minutos para practicar). Mi consejo es que como punto de partida practiques los ejercicios por completo; todo lo demás irá llegando de forma natural, poco a poco y con la práctica.

En parte, aquí llegamos al final de esta aventura... Lo que termina es el texto del libro, que es tu compañero de viaje. Pero empieza la verdadera aventura, que sucederá en tu vida, y en la que tú eres el o la protagonista. Para mí ha sido un honor acompañarte durante este recorrido. Puedo confirmarte con total sinceridad que, en efecto, ha sido un auténtico placer escribirlo y compartirlo contigo. Me llevo un recuerdo imborrable de todo el proceso, y la satisfacción de saber que está en tus manos. La ilusión con que empecé a escribir el primer capítulo no solo se ha mantenido, sino que se ha multiplicado. Llego a esta página con recuerdos maravillosos escribiendo este libro en varias ciudades de Francia, como Biarritz y Toulouse, en preciosos lugares de España, como Valencia, Segovia y Luarca (Asturias), y ahora lo termino en Andorra, en un paisaje muy bello que me ha regalado unos momentos de meditación maravillosos.

Te deseo unas maravillosas aventuras con la concentración. Te animo a practicar con entrega lo que aquí has encontrado. Ya sabes que este no es un libro para usar durante unas semanas y después olvidarlo... Lo que contiene es para toda la vida, y te animo a utilizarlo con mucha paciencia. Si cada día vas poniendo un poquito de tu parte, no representará un gran sacrificio, y recogerás infinidad de frutos.

Reitero lo expresado en un capítulo anterior: cada vez que una persona se concentra, el mundo se salva un poco más. Por consiguiente, al haber leído este libro has contribuido a salvar el mundo un poco más, o quizá muchísimo más de lo que puedas pensar. ¡No caigas en el error de creer que salvar a la humanidad y su futuro es cosa de unos pocos individuos superiores al resto! A la humanidad solo la puede salvar ella misma, y ¿no somos todos parte de ella? Quien se siente separado, a quien solo importa su propio beneficio al margen de los demás, quien no busca el bien del prójimo, ese, reitero, ese, está causando daño a la humanidad y, por ende, no la está salvando. Pero quien medita y lo hace con un propósito espiritual, está trabajando en mejorar para así ser un mejor servidor y contribuir a la humanidad y su evolución. Y, aunque únicamente empiece buscando en la meditación una solución a sus problemas cotidianos, o una forma de satisfacer determinados objetivos personales, no importa: si persiste, terminará estando cada vez más cerca de hacer nacer en su interior ese deseo de servir. Por ello, no lo dudes: ¡tú eres parte de quienes están salvando a la humanidad, y ojalá esta comunidad silenciosa —porque trabaja en el silencio interior— nunca dejes de crecer y luchar contra el mal que se deriva del gran ruido mental que impera en la humanidad! Por todo ello y por mucho más, te digo de todo corazón:

¡GRACIAS POR SER Y ESTAR!

Anexos

ANEXO I: Enfrentarte con situaciones adversas de la vida

Título:	Lidiar con ataques verbales de otras personas
Descripción:	Situaciones en las que alguien te agrede verbalmente.
Instrucciones:	Lleva a la práctica las explicaciones del capítulo 4. Ante todo, recuerda que no eres tu personalidad... No eres tu cuerpo físico ni tu aspecto, sino quien tiene ese cuerpo. No eres tus emociones, sino quien las siente. No eres tus pensamientos, sino el pensador de tus pensamientos. Es obvio que un ataque verbal produce una experiencia desagradable, compuesta de sensaciones físicas, emociones y pensamientos igualmente negativos. Pero si te sitúas en tu verdadera esencia, en tu yo superior, entonces todo eso será muy desagradable, pero no lo identificarás contigo. Lo verás como algo ajeno, que está ahí molestando a través de tu personalidad, pero siempre sabiendo que no eres eso. Lo podrás dejar llegar, evolucionar e irse. En esos casos, respirar antes de contestar es una técnica fabulosa para recuperar la calma y ver las cosas con más filosofía. Basta con una respiración lenta y profunda; aunque dure unos segundos, no supondrá ningún problema, y es probable que la otra persona no se dé ni cuenta. Si practicas con regularidad los ejercicios del libro —y muy en especial aquellos del capítulo 4 centrados en la respiración—, todavía te resultará más fácil y eficaz, porque ya tendrás el proceso entrenado. Te doy otro truco: visualiza una situación en la que te hayan insultado y te hayas sentido mal. ¡Ya verás qué poco tardas en sentirte mal! Cuando eso ocurra, realiza esa respiración lenta y profunda, y visualiza que lo estás haciendo delante de esa persona, y después respóndele con calma, con compasión, pero con asertividad, respetándola, pero sabiendo que tú también mereces el mismo respeto, siempre mejorando la respuesta que le diste en su día. Es un ejercicio muy poderoso. Además, te recomiendo practicar la atención plena como se ha explicado en el libro, además de aplicar otras técnicas de *mindfulness* que desees aprender y practicar, porque te ayudarán a observar esas experiencias desagradables como algo que no es cosa tuya, y como ya te decía más arriba, ¡eso lo cambia todo! En lugar de reaccionar sin control, crearás algo mágico: un «espacio» entre el insulto y tu respuesta en el que —lejos de reaccionar sin control— podrás decidir si respondes o no, y cómo.

Comentarios:	Recuerda que no se trata de un remedio milagroso que vaya a dar resultados excelentes la primera vez. Cuesta un poco, pero cuanto más lo practiques y más lo tengas en cuenta, mejor te saldrá. Como ya se ha explicado en este libro, aquí se incluyen situaciones de la vida corriente dentro de unos límites de aceptabilidad. Los casos extremos (violencia, etc.) están fuera del alcance de esta obra y deben ser tratados con la ayuda de los profesionales adecuados.
Referencias:	Aplicación práctica de los capítulos 4 y 9

NOTAS

Título:	Cuando tienes que tratar con gente tóxica
Descripción:	Aquí incluiremos los casos en los que sabes de antemano que tendrás que tratar con alguien difícil para ti, y veremos una forma muy adecuada de prepararte.
Instrucciones:	Si sabes que tendrás que tratar con alguien difícil, antes del encuentro: 1. Practica alguno de los ejercicios del capítulo 4 para encontrar paz interior usando la respiración, durante cinco minutos. 2. Despierta el chakra corazón. 3. Empleando la visualización, crea el escenario mental de un encuentro lo más pacífico y perfecto posible. Tiene que representar la mejor situación que se te ocurra. 4. Elige una pequeña afirmación que describa, con muy pocas palabras, el resultado ideal hecho realidad. Medita con sonido usando como soporte esa afirmación.
Comentarios:	Es conveniente que te retires a un lugar tranquilo en el que sepas que no te van a molestar durante unos diez o quince minutos.
Referencias:	Capítulos 4 (concentración usando la respiración y la sección «Añadir sonido» para el paso cuatro), 5 (activación de chakras) y 7 (visualización). Te recomiendo usar la meditación usando los símbolos del tarot (capítulo 8), y en particular te recomiendo el mago, la fuerza, la justicia y la templanza.
NOTAS	

Título:	Mientras tratas con gente tóxica
Descripción:	Aquí incluiremos los casos en los que te encuentras inesperadamente con una persona tóxica, lo que te enfrenta a una situación incómoda e imprevista.
Instrucciones:	◊ Demuestra que sabes escuchar a la otra persona. Déjale hablar y escucha atentamente, sin dejar que sus palabras te ofendan. ◊ Proponte aplicar la no ofensividad. ◊ Respira antes de contestar. Trata de poner la atención en la respiración, como has aprendido, incluso si el lapso es muy breve. ◊ Quédate únicamente con la parte objetiva y factual de lo que la otra persona ha dicho. Quita los insultos, insinuaciones, ironías, etc. No centres tu respuesta en devolver las ofensas. Tan solo considera la información significativa y, en tu respuesta, haz referencia únicamente a ella, y no a los insultos. ◊ Si la otra persona muestra una actitud agresiva, no le respondas de la misma forma. Sería como añadir más leña al fuego. Aplica, precisamente, la serenidad que la otra persona no exhibe. Eso te hace más grande. Mientras te insulta, lleva toda tu atención a la respiración, y no prestes la menor atención a lo que te dice (que no tiene valor alguno, ya que son insultos). ◊ Si crees que no es oportuno responder, es mejor guardar silencio. ◊ Si la otra persona muestra una actitud agresiva, es mejor terminar la conversación lo antes posible de forma no ofensiva. Tampoco es un problema si no hay otra opción que hacerlo en silencio. ◊ Recuerda que más tarde tendrás tiempo para pensar, analizar la situación y tomar medidas con más calma y acierto. Quizá decidas que no vas a volver a acercarte a esa persona, hablar con ella en otro contexto con más calma, o cualquier otra decisión que tomes (no existe una fórmula mágica).
Comentarios:	No olvides una frase muy antigua: «El sabio pregunta razonablemente, escucha con atención, responde con serenidad y cuando no tiene nada que decir, calla». De nuevo, los casos extremos (violencia, etc.) están fuera del alcance de este libro y deben ser tratados con la ayuda de los profesionales adecuados.

Referencias:	Capítulo 4 (concentración con la respiración). La atención plena, explicada en el capítulo 9, te puede ayudar a escuchar a la otra persona sin dejarte afectar por sus palabras. Podrás observar cómo te abordan emociones tóxicas que te podrían empujar a reaccionar, pero las dejarás pasar ante ti hasta que se marchen, y podrás regresar a la paz que proporciona la respiración.

NOTAS

Título:	Si necesitas resolver un problema crucial en poco tiempo
Descripción:	Circunstancias en las que tienes que resolver alguna situación con urgencia y necesitas dar lo mejor de ti.
Instrucciones:	1. Encuentra un lugar tranquilo donde no te interrumpan durante unos seis minutos y retírate allí. Cierra los ojos y practica unas respiraciones lentas y profundas. 2. Abandona la idea de que estás perdiendo tiempo. Solo serán unos minutos, y no es una pérdida de tiempo, sino una inversión que te ayudará a resolver el problema en mejores condiciones. Es probable que estés ganando bastante tiempo... 3. Durante dos minutos, practica el ejercicio de contar respiraciones. 4. Acto seguido, dedica un par de minutos a plantear mentalmente, con claridad, el problema que intentas resolver. Elimina todo lo innecesario. No busques culpables. Si acaso, responsables, y eso habrá que analizarlo cuidadosamente para aprender lecciones, y se hará más tarde. Ahora es momento de centrarte solo en el problema que debes resolver de forma objetiva, sin añadir interpretaciones ni juicios. 5. Durante un par de minutos, adopta una actitud totalmente receptiva. 6. En el estado de calma mental en que te encuentras, dedica los dos minutos siguientes a analizar las impresiones que has recibido durante el paso anterior, trata de ver conexiones entre ellas y aprecia qué posibles soluciones te están sugiriendo. 7. Termina el ejercicio.
Comentarios:	La concentración no solucionará el problema por ti, ni es garantía de un determinado resultado. Sin embargo, pondrá tu mente en las mejores condiciones para que puedas dar lo mejor de ti mismo. Cuando todo haya pasado, es importante que reflexiones sobre qué ha causado que te hayas encontrado con esa situación de urgencia. ¿Hay algo que podrías haber empezado a hacer antes y que hubiera evitado el problema? ¿Qué otras acciones podrías emprender para evitar que algo similar ocurra de nuevo? Etcétera.

	Cuando apliques la atención plena en el paso cinco, en lugar de dejar pasar los pensamientos sin más, obsérvalos con curiosidad, con la intención de obtener respuestas. ¡Pero solo con la intención! ¡No hagas ningún análisis ni trates de concluir nada! Eso lo harás únicamente en el paso seis. Si tienes tiempo, te recomiendo añadir justo antes del paso cinco un par de minutos de meditación con el arcano cinco del tarot, el hierofante. Esto favorecerá la fase receptiva conectando mucho más con la intuición.
Referencias:	Capítulo 10 (práctica de contar respiraciones del paso tres). Capítulo 9 (sección «Unir la atención plena y la concentración»). Capítulo 8 (meditación con el arcano cinco).
NOTAS	

Título:	Después de una discusión
Descripción:	Cuando has vivido una situación tensa con otra persona y sientes nerviosismo, sensaciones desagradables, etcétera. Esta práctica te ayudará a recuperar la calma mucho antes.
Instrucciones:	1. Retírate a un lugar tranquilo donde no te molesten durante unos diez minutos. 2. Elige una de las prácticas de concentración usando la respiración o con los chakras y ejercítala durante cinco minutos. 3. Trae a tu mente, con todo el realismo posible, una situación en la que te hayas sentido muy bien con otra persona: tu pareja, amistades, etc. Visualízalo durante tres minutos con el mayor realismo posible. Esto resultaría más bien complicado si lo hicieras después de vivir la discusión. Ahora bien, recuerda que los dos pasos anteriores te han preparado para poder hacerlo en unas condiciones muy distintas. 4. Durante un par de minutos, adopta una actitud totalmente receptiva. 5. Termina la práctica.
Comentarios:	Cuando hayas logrado recuperar la serenidad, analiza las lecciones aprendidas de la situación. ¿Hay algo que podrías haber hecho de forma diferente? ¿Y la otra persona? ¿Qué vas a cambiar a partir de ahora? ¿Deberías hablar con la otra persona? ¿Quizá pedir perdón? ¿Deberías hablar con alguna persona para pedir apoyo? ¿Qué acciones deberías emprender para que la situación no se repita en el futuro? Etc. Si todavía te sientes mal, repite el ejercicio al cabo de unas horas. Opcionalmente, te recomiendo añadir antes del paso tres una breve meditación con el arcano tres del tarot, la emperatriz.

Referencias:	Capítulos 4 y 5 (respiración y chakras, para el paso dos). Capítulo 7 (visualización, para el paso tres). Capítulo 8 (meditación con el arcano tres).

NOTAS

Título:	Recuperarte tras una situación estresante
Descripción:	Cuando has vivido episodios que te han estresado especialmente. Pueden estar relacionados con pelearte o tener un roce con alguien (algo tratado en parte en la ficha anterior), pero también pueden asumir muchas otras formas que desembocan en estrés: no consigues resolver algo, las noticias que has leído te han puesto los nervios de punta, has obtenido algún resultado muy alejado del que esperabas, etcétera.
Instrucciones:	1. Retírate a un lugar donde no puedan molestarte durante diez minutos. 2. Practica la concentración basada en la respiración durante cinco minutos. 3. Aplicando colores y los mantras correspondientes, despierta los chakras raíz, sacral y plexo solar. 4. Visualiza esos tres centros perfectamente alineados, mantén la visualización durante un par de minutos. 5. Termina la práctica.
Comentarios:	El ejercicio de contar respiraciones explicado en el capítulo 10 suele funcionar muy bien con el paso dos.
Referencias:	Capítulo 4 (para el paso dos). Capítulo 5 (para el paso tres).
NOTAS	

ANEXO II: Afrontar retos

Título:	Antes de hablar en público
Descripción:	En los días anteriores a una situación temida en la que tienes que hablar delante de otras personas. También para los instantes de antes de salir «a escena».
Instrucciones:	Los días anteriores al evento: 1. Retírate entre cinco y diez minutos a un lugar tranquilo. 2. Practica durante un par de minutos la concentración contando respiraciones. 3. Mediante la visualización creativa, visualiza el momento en que vas a hablar como si estuviera ocurriendo ahora mismo. En tu película mental, todo debe salir perfecto y tienes que verte con confianza y disfrutando realmente de lo que estás haciendo. 4. Visualiza la situación ideal que desearías vivir después de haber hablado, con todo perfecto, sintiendo una alegría enorme y recibiendo el aprecio de otras personas. 5. Mantén una actitud de receptividad durante un par de minutos. En los minutos previos a hablar, te recomiendo realizar prácticas como contar respiraciones o utilizar mantras. En lugar de un mantra, también puedes utilizar una afirmación que refleje el gran potencial que tienes dentro y cómo vas a darlo todo. Es muy recomendable despertar el chakra de la garganta, que está relacionado con el habla. También te aconsejo recordar que hablar en público es un ejercicio de dar, de compartir... No salgas ahí pensando que vas a un examen; considera que vas a compartir algo que deseas dar de corazón a otras personas.
Comentarios:	Este ejercicio también puedes adaptarlo para cualquier otro tipo de actividad en público, por ejemplo, actuar, tocar música, etcétera. Por supuesto, existen numerosas técnicas adicionales para lidiar con el miedo escénico, y está fuera del alcance de esta ficha abordarlas todas. El caso de tener que hablar en un examen se abordará en otra ficha.

Referencias:	Capítulo 10 (para el paso dos y para los minutos anteriores a hablar). Capítulo 7 (para los pasos tres y cuatro). Capítulo 9 (para el paso cinco).
NOTAS	

Título:	Enfrentarse a una reunión difícil
Descripción:	Antes de una reunión (ya sea de trabajo o no) que consideras importante y que te produce inquietud, ya sea por tu participación, la reacción de los demás, el resultado, o cualquier otro factor.
Instrucciones:	1. Practica durante un par de minutos el ejercicio de contar respiraciones. 2. Visualiza el resultado perfecto que deseas para la reunión, sintiéndote genial por ello. Incluso si te parece difícil en la realidad, en tu mente siempre es posible, y es ahí donde los sueños empiezan a hacerse realidad. Hazlo durante tres o cuatro minutos alcanzando el mayor realismo posible y sintiéndote lo más feliz que puedas. 3. Antes de terminar la práctica, mantén un estado de receptividad mental durante un par de minutos.
Comentarios:	Hay personas y personas, y del mismo modo podemos decir que hay reuniones y reuniones. Lo que en algunos encuentros entre determinadas personas se resuelve de forma razonable, metódica, respetuosa, buscando soluciones, etc., en otros se resuelve con insultos. Pon todo de tu parte para que la reunión sea lo más armoniosa posible; está claro que siempre podrán existir factores que estén fuera de tu control. El objetivo de esta técnica no es garantizar una reunión pacífica y perfecta. Se trata de que contribuyas a hacerla lo más parecida a ese ideal y que saques lo mejor y más positivo que puedas de ti y de la reunión. Te aconsejo que antes de empezar complementes esta técnica meditando con el tarot, en particular con los arcanos tres (la emperatriz) y cuatro (el emperador). La emperatriz te ayudará a potenciar la imaginación, una fuerza que puedes asociar a Venus, mientras que el emperador tiene que ver con Marte, y siempre que la uses en sentido positivo, esa fuerza tan «marciana» para entrar en el «campo de batalla» de la reunión te resultará muy útil: no vas a destruir a nadie, sino todo lo contrario, a unir y construir. También puede resultarte útil «la fuerza», sobre todo si debes mantener una función de liderazgo.

Referencias:	Capítulo 10 (para el paso uno). Capítulo 7 (para el paso dos). Capítulo 8 (para agregar el tarot). Capítulo 9 (para el paso tres).

NOTAS

Título:	Antes de un examen
Descripción:	Cuando tienes que enfrentarte a una prueba en la que van a evaluarte y quieres ponerlo todo de tu parte y dar lo mejor.
Instrucciones:	Se presupone que te has preparado correctamente para el examen. ¡No esperes que una técnica de meditación pueda hacerlo por ti! 1. Retírate a un lugar tranquilo para meditar. 2. Empieza con dos minutos contando respiraciones. 3. Medita con el arcano tres, la emperatriz. 4. Visualízate saliendo del examen. La escena debe representar un resultado perfecto. Esfuérzate en lograr que sea lo más realista posible y que te sientas muy bien. 5. Medita con el arcano cuatro, el emperador, muy adecuado para poner tu capacidad de razonamiento en buenas condiciones. 6. Medita con el arcano dos, la gran sacerdotisa, muy orientado a la memoria. 7. Termina la práctica.
Comentarios:	Te recomiendo hacer esta práctica los días anteriores, en especial antes de empezar a estudiar. Además, te aconsejo que lo hagas el mismo día del examen, lo más cerca posible del momento del examen. Si en el examen vas a tener que hablar, te recomiendo despertar el chakra de la garganta. Por supuesto, si quieres ver un resultado fructífero de esta técnica, hay una condición imprescindible: tienes que prepararte bien, y es algo que debes empezar con la suficiente antelación, con un buen plan de preparación (estudio, práctica, etc.) y con entrega y perseverancia. De otro modo, puede que afrontes el examen con tranquilidad, pero ¡raro sería que obtengas buenos resultados! No olvides la importancia de una buena preparación.
Referencias:	Ficha «Antes de hablar en público». Capítulo 10 (paso dos). Capítulo 8 (pasos tres, cinco y seis). Capítulo 7 (paso cuatro).
NOTAS	

Título:	Cuando necesitas armarte de paciencia
Descripción:	Para los momentos en que tienes que enfrentarte a algo que se presenta complicado y necesitas sacar fuerzas de cualquier lado.
Instrucciones:	1. Retírate a un lugar tranquilo para meditar durante diez minutos. 2. Practica durante tres o cuatro minutos uno de los ejercicios de concentración usando la respiración. 3. Formula mentalmente la ayuda que deseas encontrar para afrontar la situación difícil. Por ejemplo: «Necesito fuerzas para soportar esta tarde cerca de Pepito». Trata de ser lo más breve posible. 4. Repite durante dos o tres minutos con la voz de tu mente la frase que hayas construido en el paso anterior. Hazlo lentamente, dejando una breve pausa entre repeticiones. 5. Mantén un estado de receptividad mental durante dos o tres minutos. 6. Termina la meditación.
Comentarios:	En general, cualquiera de las prácticas de concentración que encontrarás en este libro estará contribuyendo al desarrollo de la paciencia, porque esta última y la concentración van de la mano. En este ejercicio se trabajan dos formas diferentes de conectar con el momento presente, que es en el que sucede todo, una basada en la concentración y la otra en la atención plena. De esta forma lograrás conectar con una mayor paz interior y también con una gran fuente de inspiración procedente de la conexión con los planos superiores. Cuando se presente la situación difícil, actuarás con mayor calma, en conexión con esa serenidad interior que mencionaba antes. Además, tus palabras y actos serán más acertados, más basados en la compasión, la empatía y, en general, el amor universal. Si quieres añadir mayor potencial a este ejercicio, te recomiendo añadir antes del paso cinco una meditación con el arcano doce, el ahorcado.

Referencias:	Capítulo 4 (para el paso dos). Capítulo 9 (para el paso cinco). Capítulo 8 (para añadir el tarot).

NOTAS

ANEXO III: Vencer resistencias mentales

Título:	Cuando sientes miedo
Descripción:	Situaciones en las que el miedo se convierte en un bloqueo que no te deja avanzar hacia los objetivos que sabes que son importantes para ti.
Instrucciones:	1. Retírate a un lugar tranquilo en el que puedas meditar durante un período de diez a quince minutos. 2. Practica contando respiraciones durante dos minutos. 3. En el orden en que se mencionan, activa los siguientes chakras: raíz, sacral, plexo solar y corazón. 4. Visualiza cómo esos cuatro chakras se encuentran en perfecto alineamiento. 5. Visualiza cómo el chakra corazón irradia un rayo de luz brillante hacia los chakras inferiores, que se encuentran perfectamente alineados con él. Esos chakras inferiores se iluminan y vibran con la luz que procede del corazón. Mantén esta visualización durante un par de minutos. 6. Con el máximo realismo posible, trae a tu mente durante un minuto (dos como máximo) lo que te produce miedo. 7. Si durante esa visualización aparece cualquier pensamiento o emoción desagradable, expúlsalo con la respiración. 8. Vuelve a contar respiraciones durante dos minutos. 9. Desde la calma alcanzada, reflexiona sobre el miedo que sientes. ¿Hay alguna hipótesis que estás asumiendo y que causa el miedo? ¿Puede ser que la falta de información o conocimiento esté contribuyendo? ¿Qué puedes aprender que quizá te ayude a quitarte de encima un falso miedo? ¿Qué probabilidades hay de que ocurra lo que estás temiendo? Si son muy reducidas, ¿vale la pena preocuparse? ¿Qué puedes hacer para estar preparado en caso de que el riesgo se materialice? En caso de que el problema se haga real, ¿puedes emprender acciones preventivas y tener preparadas otras? Hazte preguntas de este tipo, y esfuérzate por responderlas lo mejor que puedas. 10. Mantén durante dos minutos un estado de total receptividad. Es probable que tanto durante esos minutos como después (en sueños, de forma intuitiva, etc.) aparezcan ideas para responder a las preguntas anteriores. 11. Termina la meditación.

Comentarios:	En su forma más natural, el miedo nos protege y algunas veces incluso nos salva la vida. Aun en formas más complejas, puede estar advirtiéndonos de algo. Por ejemplo, si tienes miedo de ir a un lugar porque debes pasar por una zona que sabes que es muy peligrosa, ese miedo podría estar avisándote de un potencial peligro para tratar de protegerte, y tiene sentido hacerle caso. La técnica que aquí se presenta no se refiere a ese tipo de miedo, sino al que se sustenta en el ego, y que nos engaña y confunde. Se trata de un miedo irracional, y debemos reconocer que todos lo vivimos alguna que otra vez. Recuerda que en este libro no se trata ningún tipo de patología ni se presenta ninguna forma de terapia. Se aportan consejos y herramientas para lidiar con situaciones más o menos comunes de la vida cotidiana dentro de los límites en que se puede aplicar el crecimiento personal. Por lo tanto, se excluyen los casos más extremos, que obviamente deberán ser abordados con el consejo de los profesionales cualificados que corresponda. No se trata de un remedio milagroso, pero si se aplica en el caso de los miedos que son auténticas resistencias (es decir, que te bloquean en el cumplimiento de tu misión personal e impiden tu progreso hacia tu visión) te resultará de ayuda. Antes del paso nueve, puede ayudarte mucho meditar con el arcano cuatro, el emperador. Antes del paso diez resulta de gran ayuda meditar con el arcano cinco, el hierofante. Y hay otro arcano que puedes añadir y que resulta realmente útil: el dieciséis, la torre.
Referencias:	Capítulo 4 (contar respiraciones y sección «Expulsar emociones y pensamientos con la respiración» para el paso siete). Capítulo 5 (para los pasos tres al cinco). Capítulo 7 (para los pasos seis y siete). Capítulo 8 (para añadir el tarot). Capítulo 9 (para el paso diez).
NOTAS	

Título:	Vencer la envidia de otras personas
Descripción:	Cuando tienes que soportar a otras personas que actúan contra ti movidas por la envidia.
Instrucciones:	◊ No dejes que la persona envidiosa vea que sus palabras te molestan. ¡Eso es justo lo que quiere! Esa persona desea tener algo que tú posees o ser algo que tú eres, pero se considera incapaz de lograrlo. Se siente inferior a ti. Y en lugar de optar por el camino positivo, que sería admirarte, tratar de aprender de ti y llegar a ser como tú, prefiere el camino más ruin: la envidia. Ya que no es como tú ni tiene lo que tú posees, su objetivo es lograr que dejes de ser como eres o de tener lo que tienes. En general, desea que no seas feliz siendo quien eres y teniendo lo que tienes. Si se da cuenta de que te ha hecho daño, entonces habrá cumplido con su objetivo y se lo habrás puesto en bandeja. ◊ Si algo que dice esa persona te hace sentir muy mal, haz una respiración profunda y pon toda tu atención en el proceso (si lo deseas, observando la respiración en alguna zona, como en el abdomen). En esos momentos es cuando más importante resulta que recuerdes que, en realidad, quien tú eres no se puede insultar ni tocar. Trata de observar solo tu respiración. ¡Nada es más importante! Respirar te mantiene vivo y las palabras de la otra persona no son realmente nada, solo buscan hacerte daño. ¿No es más importante, entonces, tu respiración? ◊ Si afloran emociones negativas y pensamientos que te empujan a reaccionar, devolver insultos, etc., observa esos pensamientos y emociones pasar ante ti como si no fueran cosa tuya, como aprendiste a hacer en el capítulo 9. ◊ Termina la discusión cuanto antes. Si puedes marcharte sin decir nada, mucho mejor. Sonríe y vete. Que la otra persona vea lo poco que te importan sus palabras. Si tienes que decir algo, trata de que sea educado y sin ofender para que la otra persona vea que tú no eres como ella y que no sigues el camino de la envidia. Aquí me permito recordar un consejo mencionado en otra ficha: el sabio pregunta razonablemente, escucha con atención, responde con serenidad y cuando no tiene nada que decir, calla.

Comentarios:	Tras el episodio, y cuando te encuentres en calma, analiza qué lecciones puedes extraer de lo ocurrido. ¿Qué debes seguir haciendo? ¿Qué acciones deberías realizar? ¿Qué debes dejar de hacer? ¿Convendría pedir ayuda a alguien? ¿Deberías hablar con esa persona? ¿Qué puedes hacer para evitar que la situación se repita? ¿Qué harás de forma distinta si se presenta de nuevo? Lo ideal es aprender alguna lección, emprender acciones claras, y entonces olvidar lo sucedido y seguir adelante. Si tras vivir la situación vuelven a llegarte recuerdos de lo vivido, acompañados de malestar y disgusto, practica la concentración un par de minutos y luego visualiza con el mayor realismo posible alguna situación que hayas experimentado en el pasado, en la que otra persona te haya demostrado admiración sincera. Hazlo más veces si el recuerdo vuelve.
Referencias:	Capítulo 9 (para el paso tres). Te puede resultar inspirador y darte ideas la lectura de las fichas del anexo I. Es probable que adaptes esta técnica añadiéndole otros elementos y creando tu propia forma de afrontar envidiosos.

NOTAS

Título:	Si te invaden la envidia o los celos
Descripción:	Casos en los que eres consciente de que sientes envidia de otra persona o los celos se están apoderando de ti.
Instrucciones:	1. Comienza la meditación contando respiraciones durante dos minutos. 2. Visualiza en tu mente a la persona que envidias disfrutando de lo que tiene, tanto si es un bien material como si no. Por más que te duela, haz un esfuerzo y visualízala con toda claridad con la máxima felicidad y alegría. Mantén en tu mente esta visualización unos cinco minutos. Si se trata de celos, visualiza una situación que los provoque (por ejemplo, si crees que te está robando el afecto de otra persona). El objetivo es que sientas al máximo la envidia (o los celos). 3. Conforme aparezcan pensamientos y emociones tóxicos durante el paso anterior, expúlsalos con la respiración. 4. Cuenta de nuevo respiraciones durante un par de minutos. 5. Despierta el chakra corazón. 6. Si estás tratando la envidia, visualiza en tu mente a una persona a la que admires mucho, y experimenta durante al menos dos minutos esa admiración con la máxima intensidad posible. 7. Si estás trabajando los celos, reflexiona en tu mente sobre lo siguiente: nada le pertenece a nadie. Solo tu ego te hace creer que determinadas personas o cosas te pertenecen. Lo que creemos que es nuestro territorio, no nos pertenece realmente... Analiza la situación objetivamente. ¿Estás añadiendo elementos fantasiosos? ¿Qué hay de real en el miedo que sientes a que te quiten lo que crees que es tuyo? ¿Qué acciones puedes realizar para evitarlo? Gestionando la situación como si de un riesgo controlado se tratara, lo ideal es que te quedes con una serie de acciones para emprender. ¡Y después, suelta esos celos! Solo eran un miedo, y ahora lo has gestionado como un riesgo que está bajo control. ¡Ya puedes pasar a otra cosa! Y si resultara que lo que temías se revela como real, entonces haz lo mismo: define qué acciones realizarás para aprender lecciones, pasar página y seguir adelante con tu vida, porque mereces ser feliz. 8. Termina la práctica.

Comentarios:	Es importante diferenciar la envidia de los celos, ya que no son lo mismo. Cuando hay celos, hay miedo. ¿A qué? A que otro individuo se apropie de algo que consideras que te pertenece (mejor dicho, tu ego te lo hace creer ilusoriamente, ya que estando todo unido a todo, nada nos pertenece realmente). En el caso de la envidia, no se trata de miedo, sino más bien de un sentimiento de inferioridad enmascarado. Deseas tener o ser algo que otra persona ya tiene o es, pero no te sientes capaz de lograrlo. Entonces intentas que la otra persona deje de tener o ser eso que tiene o es y, en general, intentas hacerle daño para que no sea feliz.
Referencias:	Capítulo 4 (paso tres). Capítulo 5 (paso cinco). Capítulo 7 (para los pasos dos y seis). Capítulo 10 (pasos uno y cuatro).
NOTAS	

Título:	Cuando estás triste
Descripción:	Situaciones en las que la tristeza se convierte en un obstáculo que te impide disfrutar de la vida. Tan pronto te des cuenta de que estás triste, reconócelo, y practica lo antes posible este ejercicio, que te aportará una inyección de apoyo.
Instrucciones:	1. Siéntate cómodamente en un lugar tranquilo, cierra los ojos y haz unas respiraciones lentas y profundas. 2. Alcanza una mente concentrada mediante la respiración, mantras o alguna de las técnicas rápidas que has aprendido en el libro. Practica durante al menos tres minutos. 3. Despierta el chakra corazón y el sacral. 4. Desde el espacio de calma alcanzado, visualiza en tu mente una situación que hayas vivido en la que hayas sentido una enorme alegría. Si es reciente, mucho mejor. Se trata de vivirla con el mayor realismo posible y disfrutar de lo alegre que te sientes, como si estuviera ocurriendo ahora mismo. Prolóngalo tantos minutos como consideres apropiado. 5. Proponte sinceramente llevar al resto del día toda la alegría que has experimentado. 6. Visualiza como lo desees tu jornada y que proyectas desde el chakra corazón un haz de luz que impregna de alegría y amor el resto del día. 7. Termina la práctica.
Comentarios:	Antes del paso cuatro resulta útil meditar con el arcano tres del tarot, la emperatriz.
Referencias:	Capítulo 10 (para el paso dos). Capítulo 5 (para el paso tres). Capítulo 7 (para los pasos cuatro y seis). Capítulo 8 (para añadir el tarot).
NOTAS	

ANEXO IV: Gestionar el tiempo y la energía

Título:	Conciliar el sueño
Descripción:	Cuando te cuesta dormir por nervios, preocupación, estrés tras una jornada difícil, etcétera.
Instrucciones:	Lo ideal es practicar el ejercicio «Respiración y consciencia del cuerpo» explicado en el capítulo 4. Te recomiendo que antes despiertes los chakras raíz, sacral, plexo solar, corazón, tercer ojo y corona. Suele funcionar muy bien, y a menudo nos quedamos dormidos antes de terminar el ejercicio, lo cual es genial. Si aun así, terminas el ejercicio y no has conciliado el sueño, no hay problema. La práctica te habrá aportado relajación, eso seguro. Entonces, puedes probar a añadir una fase adicional: visualízate ascendiendo paulatinamente por encima de la cama, atravesando poco a poco la habitación y el edificio hasta que vayas viendo el barrio, la ciudad, la provincia, el país, el continente, la Tierra entera, los diferentes planetas del sistema solar, la galaxia, etc., hasta que te pierdas en el océano cósmico y te dejes fundir en él.
Comentarios:	Este ejercicio no constituye ningún tipo de terapia ni garantiza ningún resultado. Está orientado a situaciones que ocurren ocasionalmente, y que todos hemos vivido alguna vez. Aunque si lo haces con regularidad, sin duda, te ayudará a dormir mejor. Si padeces de insomnio o persiste cualquier problema relacionado con el sueño, debes acudir a un profesional cualificado para que te ayude. Este ejercicio no reemplaza en ningún caso ni circunstancia a ninguna terapia.
Referencias:	Capítulo 4 (sección «Respiración y consciencia del cuerpo»). Capítulo 5 (chakras). Capítulo 7 (visualización).
NOTAS	

Título:	Cuando sientes que te falta tiempo
Descripción:	Días en los que tienes muchas cosas que hacer y no ves la forma de encontrar tiempo para completarlas todas.
Instrucciones:	1. Retírate, siéntate cómodamente, cierra los ojos y haz tres respiraciones lentas y profundas. 2. Reflexiona durante unos instantes sobre lo siguiente: tienes todo el tiempo del mundo, porque tienes el presente, ahora. Todo lo que fue y será, es ahora... Si conquistas el presente, podrás dar lo mejor de ti sin estrés innecesario. 3. Practica durante cinco minutos alguna de las técnicas de concentración con la respiración. 4. Mantén durante tres minutos una actitud totalmente receptiva. 5. Desde el espacio de calma y serenidad que has creado, reflexiona sobre las tareas que tienes que abordar. Pregúntate: ¿hay alguna que no sea realmente importante? ¿Cuáles son las más urgentes? 6. Proponte dejar de lado cualquier tarea que no sea realmente importante, y concéntrate en las tareas más importantes. Entre ellas, proponte como máxima prioridad empezar por las más urgentes. Si logras terminar en el plazo las dos o tres tareas más importantes y urgentes, podrás decir que has hecho un trabajo excelente. Para las demás, como no son tan urgentes, tendrás tiempo más tarde para analizar cómo abordarlas y organizarte para hacerlo. 7. Visualízate tras haber terminado con éxito las dos o tres tareas más importantes y urgentes. Tienes que ver en tu mente la situación ideal, en la que todo ha ido perfecto. 8. Mantén de nuevo una actitud receptiva durante un par de minutos. 9. Haz dos o tres respiraciones profundas y termina la meditación. Proponte ir a por todas con esas dos o tres tareas que has seleccionado.

Comentarios:	Este ejercicio no es una garantía de terminar milagrosamente lo que no se puede acabar en un día... Por supuesto, es necesario gestionar correctamente el tiempo para evitar que esas situaciones ocurran. Pero es cierto que a veces, incluso considerando muy en serio la gestión del tiempo, llegan días en los que se acumulan tareas urgentes que no hemos podido prever. Esta práctica es idónea para esos casos, y te ayudará a tomarlos con calma y filosofía para emprenderlos con la actitud correcta y recibir la guía superior de la intuición.
Referencias:	Capítulo 4 (para el paso tres). Capítulo 9 (pasos cuatro y ocho). Capítulo 7 (paso siete).

NOTAS

Título:	Hacer una pausa entre tareas y ganar energía
Descripción:	Cuando terminas una tarea y sabes que tienes que enfrentarte a otra igual o más compleja. Esta práctica te ayudará a llenarte de energía para afrontar mucho mejor lo que viene después.
Instrucciones:	1. Cuando termines la tarea anterior, y antes de pasar a la siguiente, tómate entre cinco y diez minutos para retirarte y ejercitar esta práctica. ¡No son minutos perdidos, sino invertidos, y te regalarán energía y tiempo, ya lo verás! 2. Siéntate cómodamente, cierra los ojos y haz tres respiraciones lentas y profundas. 3. Es probable que tu mente esté recibiendo un «bombardeo» de pensamientos, y que suceda algo parecido con las emociones. Es normal si acabas de realizar una tarea que ha implicado esfuerzo y te ha causado estrés. Para comenzar, practica durante tres o cuatro minutos el ejercicio de expulsar emociones y pensamientos con la respiración. 4. Practica después durante tres o cuatro minutos alguno de los ejercicios de concentración con mantras o con la respiración. 5. Completa con un par de minutos de observación con receptividad total a todo lo que llegue a tu mente. 6. Visualiza la próxima tarea ya acabada, con los resultados perfectos que podrías esperar. Hazlo con total realismo. 7. Ahora ya estás en condiciones de abordar la siguiente tarea difícil. ¡A por todas!
Comentarios:	Este ejercicio no garantiza que la próxima tarea difícil vaya a salirte perfecta. Eso, obviamente, dependerá de ti y de otros factores imponderables. Sin embargo, el ejercicio te prepara para abordar lo que viene en condiciones óptimas para dar lo mejor de ti, ¡y eso no es poco!
Referencias:	Capítulo 4 (pasos tres y cuatro). Capítulo 9 (paso cinco).
NOTAS	

Título:	Cuando necesitas energía, pero sientes cansancio
Descripción:	Momentos en los que necesitas energía para abordar alguna tarea, pero sientes que no puedes.
Instrucciones:	1. Retírate a un lugar tranquilo donde puedas meditar durante diez o quince minutos. 2. Practica la concentración contando respiraciones. 3. Despierta los siete chakras en el siguiente orden: raíz, sacral, plexo solar, corazón, garganta, tercer ojo y corona. 4. Visualiza un rayo de luz que desciende desde el infinito por encima de ti, y entra en contacto con tu chakra corona. 5. Visualiza cómo ese rayo de luz desciende en línea recta a través de los otros seis chakras hasta perderse en el infinito por debajo de ti. 6. Mantén esa visualización un par de minutos, y siente cómo te estás cargando de energía a todos los niveles. 7. Mantén un par de minutos una actitud mental receptiva. 8. Termina la meditación. ¡A por todas!
Comentarios:	Este ejercicio no se centra en casos extremos de cansancio, ni es ningún tipo de remedio milagroso. Si te encuentras con un enorme agotamiento, quizá lo mejor sea descansar. Por otro lado, esta práctica no es ninguna terapia; en ese sentido, si sientes cansancio con frecuencia, debes consultar a un profesional de la salud debidamente cualificado. Este ejercicio es para situaciones ocasionales en los límites del sentido común. En los casos normales y corrientes, aporta una gran ayuda, pero no substituye a ningún tipo de terapia.
Referencias:	Capítulo 10 (paso dos). Capítulo 5 (paso tres). Capítulo 7 (pasos cuatro al seis). Capítulo 9 (paso siete).
NOTAS	

Título:	Cuando tienes que terminar algo urgente y no tienes tiempo
Descripción:	Situaciones en las que tienes que terminar algo concreto que es urgente e importante, y tienes la impresión de que no tienes tiempo para lograrlo. Esta meditación te ayudará a afrontarlo sin que te frene el estrés.
Instrucciones:	1. Retírate, siéntate cómodamente y cierra los ojos. 2. Haz tres respiraciones lentas y profundas para centrarte. 3. Practica durante tres minutos la concentración contando respiraciones. 4. Reflexiona durante un minuto sobre lo siguiente: todo lo que ocurre, pasa ahora. Todo lo que harás después de la meditación, también pasará ahora. Siempre hay tiempo, y es el único que existe: ahora. 5. Visualízate terminando en el plazo con éxito la tarea. Ahora estás soñando, y todo es posible. ¡Permítete soñar! Después tendrás tiempo de ejecutar, calcular, monitorizar, etc. Ahora es crucial para que los resultados sean óptimos. Emplea un par de minutos para esto. 6. Dedica un par de minutos a adoptar una actitud totalmente receptiva. 7. Define mentalmente los pasos que debes dar para completar la tarea. Lo importante ahora es que los identifiques con claridad. Ya tendrás tiempo más tarde para anotarlos, programarlos, etcétera. 8. Proponte dar lo mejor de ti para avanzar con la tarea sin dejar que el estrés se apodere de ti. Para ello, toma la determinación de no dejar que el futuro se apodere del presente. Vas a programar dentro de un rato los pasos que debes dar. Y cuando estés con un paso, estarás en ese paso, y no dejarás que el miedo a no terminar los pasos siguientes se apodere de ti. 9. Abre los ojos, ¡y a por todas! No olvides escribir tu lista de acciones o pasos que debes dar, asignar plazos, programar en tu agenda, etc. ¡Y ponte en marcha, paso a paso!

Comentarios:	Como es obvio, esta meditación no hará que el tiempo de que dispones se multiplique. Pero a veces te parecerá que es así, porque esta práctica puede ayudarte a multiplicar la forma en que usas el tiempo. No es una garantía de que puedas terminar tu tarea en el tiempo del que dispones, pero lo que es seguro es que te ayudará a ejecutarla con una mente más concentrada, aprovechando mucho mejor tu tiempo y tu energía, ¡y eso no es poco!
Referencias:	Capítulo 10 (para el paso tres). Capítulo 7 (para el paso cinco). Capítulo 9 (para el paso seis).
NOTAS	

Título:	Crear la jornada ideal
Descripción:	Un ejercicio ideal para hacer antes de dormir, y que te ayudará a que la jornada siguiente sea lo más parecida a lo que deseas.
Instrucciones:	1. Cuando estés en condiciones de dormir, cierra los ojos y haz tres respiraciones lentas y profundas. 2. Visualiza la jornada siguiente con todas las actividades planeadas saliendo de forma ideal. Empieza por la mañana y ve avanzando. Debes visualizar los resultados más geniales del mundo, y todo sin el menor retraso, perfectamente en los plazos previstos. Incluso puedes visualizar un reloj que acompañe a cada logro. Emplea el tiempo que necesites para este paso (normalmente con tres o cuatro minutos es suficiente). 3. Realiza el ejercicio de relajación corporal con la respiración. 4. Si todavía no te has dormido, visualiza cómo te elevas progresivamente por encima de la habitación, el edificio, el barrio, la ciudad, la provincia, el país, el continente, la Tierra, la Luna, los diferentes planetas del sistema solar, etc. Elévate todo lo lejos que puedas en el océano cósmico y permanece allí observándolo y dejándote llevar. 5. Lo ideal es que permanezcas en esa visualización hasta que te duermas. Si no ocurre, puedes terminar el ejercicio, y si lo deseas utilizar cualquier otra técnica para conciliar el sueño.
Comentarios:	Antes de una prueba, los atletas suelen visualizarse alcanzando su objetivo de forma perfecta. El poder de la visualización es enorme. Obviamente, no hará que las prestaciones del deportista sean mejores que las que han sido entrenadas. Sin embargo, sí puede evitar que las prestaciones reales queden mermadas por culpa de resistencias interiores como el miedo (por citar una muy habitual). Podemos aplicar lo mismo al «atletismo» de la vida de cada día, para afrontar la carrera que suponen esas jornadas difíciles que a veces sabemos que tenemos que enfrentar al día siguiente. Aquí no competimos contra nadie; ni siquiera contra el tiempo lineal, que no es más que un estado de consciencia. Competimos contra quienes creemos ser nosotros mismos, ya que debemos superar las barreras que nuestro propio ego nos hace creer y que con frecuencia nos frenan. ¡A por todas!

Referencias:	Capítulo 4 (respiración y consciencia del cuerpo, para el paso tres). Ficha «Conciliar el sueño». Capítulo 7 (pasos dos, cuatro y cinco).

NOTAS

ANEXO V: Imaginación y creatividad

Título:	Mejorar tu capacidad de imaginación
Descripción:	Cuando sabes que vas a necesitar hacer uso de la imaginación para algún propósito importante (por ejemplo, diseñar una ilustración, darle forma en tu mente a algún concepto, etc.). El propósito de este ejercicio es poner a la imaginación en las mejores condiciones para lograrlo.
Instrucciones:	1. Haz dos o tres respiraciones lentas y profundas para centrarte. 2. Practica la concentración con la respiración durante dos minutos. 3. Medita con el arcano número dos del tarot, la gran sacerdotisa. Hazlo durante dos o tres minutos. Este arcano está relacionado con la memoria. 4. Medita de nuevo con el tarot, esta vez con el arcano tres, la emperatriz. Este arcano está vinculado con la imaginación. 5. Haz tres respiraciones profundas y procede a realizar la tarea imaginativa que te proponías.
Comentarios:	Atención: no confundas este ejercicio con la creatividad. Cuando mentamos a la imaginación nos viene a la mente el acto de generar ideas. La generación de ideas es creatividad, y eso es una cosa. La imaginación viene después, y permite dar forma (de imagen mental) a esas ideas. No debemos confundir la creación con la formación (de hecho, en el árbol de la vida de la cábala hay un mundo de la creación por encima del mundo de la formación que se aplican muy bien en estas explicaciones). La creatividad combinada con la imaginación se tratará en otra ficha.

	La imaginación es indisociable de la memoria. Un ejemplo (entre millones posibles) podría ser formar en tu mente la imagen de un diagrama que conoces para trabajar mentalmente sobre él, comunicar su contenido, etcétera. La memoria es necesaria para recuperar la información esencial que te permite formar (mediante la imaginación) la imagen del diagrama. En consecuencia, te recomiendo trabajar ambas facultades. La imaginación hay que trabajarla. Como se ha explicado en el capítulo 8, el entrenamiento con símbolos resulta de gran apoyo. Solo si la entrenas con regularidad conseguirás resultados. De hecho, conforme vayas entrenando la imaginación, el ejercicio que acabas de aprender en esta ficha te dará mejores resultados. Y como va cogida de la mano de la memoria, me permito resumir mi mensaje con esta frase: «¡No olvides la imaginación!». Una forma estupenda de complementar este ejercicio consiste en activar los chakras corazón, garganta, tercer ojo y corona.
Referencias:	Capítulo 10 (paso dos). Capítulo 8 (pasos tres y cuatro).
NOTAS	

Título:	Usar la imaginación creativa
Descripción:	Cuando deseas resolver un problema de forma creativa gracias al poder de la imaginación.
Instrucciones:	1. Cierra los ojos y haz dos o tres respiraciones lentas y profundas para centrarte. 2. Practica la concentración con la respiración durante dos minutos. 3. Medita con el arcano uno, el mago. Esto favorece la concentración. Con dos minutos es suficiente. 4. Medita un par de minutos con el arcano cuatro, el emperador. El objetivo es potenciar la capacidad de razonamiento. 5. Dedica uno o dos minutos a reflexionar sobre el tema que quieres resolver empleando el intelecto. Se trata de intentar generar ideas usando la razón. No te desesperes si cuesta, o si no logras nada. Debes saber que la razón no puede llegar a donde queremos llegar. Pero tratar de forzarla nos ayuda a llegar allí antes, y provocar mucho mejor la generación de ideas en la dirección apropiada. Es importante que en este paso pongas lo máximo de tu parte. 6. Medita con el tarot usando el arcano cinco, el hierofante. Este arcano está vinculado a la conexión con la intuición. 7. Medita después con el arcano doce, el ahorcado, que favorecerá un estado de suspensión del pensamiento voluntario. 8. Alcanza durante tres minutos un estado mental receptivo, de suspensión de la actividad intelectual. No busques nada... Deja que las ideas lleguen en forma de imágenes mentales... 9. Realiza tres respiraciones profundas y abre los ojos. 10. Anota en una libreta todas las ideas que hayas captado durante el paso ocho, aunque parezcan no tener sentido.

Comentarios:	Recuerda que existen diferentes formas de usar la imaginación. En esta ficha nos centramos más en la imaginación creativa (que no creadora). Aquí buscamos que lleguen ideas en forma de imágenes, y por eso hablamos de imaginación creativa. La imaginación creadora es a la que nos hemos referido en el capítulo 7, que involucra el uso de la concentración y que permite crear una forma mental de aquello que deseamos manifestar (para evitar confusiones, prefiero llamarla visualización creativa).
Referencias:	Ficha «Mejorar tu capacidad de imaginación» para entender la sutil diferencia entre creatividad e imaginación. Capítulo 10 (paso dos). Capítulo 8 (pasos tres, cuatro, seis y siete). Capítulo 9 (paso ocho).
NOTAS	

Título:	Ponerte en condiciones óptimas para escribir
Descripción:	Cuando quieres configurar la mente en condiciones óptimas para escribir. Te aportará paciencia, disciplina, energía e ideas.
Instrucciones:	1. Retírate a un lugar tranquilo, siéntate cómodamente y cierra los ojos. 2. Haz tres respiraciones lentas y profundas. 3. Practica la concentración con la respiración durante tres minutos. 4. Despierta en este orden los chakras plexo solar, garganta, tercer ojo y corona. 5. Medita durante dos minutos con el arcano uno, el mago. 6. Si el trabajo que vas a realizar requiere del uso de la memoria (por ejemplo, redactar un informe basado en datos pasados), medita durante dos minutos con el arcano dos, la sacerdotisa. 7. Si el trabajo que vas a redactar es muy creativo, medita un par de minutos con los arcanos tres y cinco. 8. Trata de suspender los pensamientos durante un par de minutos. 9. Mantén dos minutos una actitud mental receptiva.
Comentarios:	El paso ocho no resulta sencillo, pero lo importante es tan solo hacer ese esfuerzo, intentándolo con todo tu empeño, pero sin esperar milagros. Nada más. No busques un resultado concreto, porque no hay nada que esperar. Con intentarlo, es más que suficiente. Puedes lograr mejores resultados si antes de hacerlo meditas con el arcano doce, el ahorcado. Te recomiendo adaptar y expandir este proceso hasta hacerlo tuyo. Tiene elementos muy poderosos para armonizarte con los planos vibratorios más adecuados para el ejercicio de escribir. Pero se puede modificar, acortar, expandir, etc., como consideres apropiado. En particular, te aconsejo mucho que investigues en internet y la literatura disponible acerca del planeta Mercurio y sus correspondencias. No voy a darte una referencia precisa, porque no existe ninguna referencia única que se pueda dar.

	Ese es un trabajo que debes realizar y trazar tu propio sendero, y es la única forma de que te pueda ofrecer resultados. No me estoy refiriendo a Mercurio como un planeta físico; es decir, como un trozo de materia dando vueltas cerquita del Sol... A lo que me refiero es a su contrapartida espiritual, que está asociada a un plano vibratorio y un tipo de energía particular que es la que más te puede ayudar a la hora de ponerte en las mejores condiciones para escribir. El proceso aquí presentado te conecta con esas energías, pero podrás encontrar muchas correspondencias, con notas musicales, con mantras, con símbolos, con centros de energía en el cuerpo, etcétera. Te invito a hacer esa investigación, llegar a tus propias conclusiones (que son las que al final van a funcionar para ti), y complementar y adaptar la técnica presentada como estimes conveniente hasta hacerla tuya. Te doy un ejemplo: en el árbol de la vida de la cábala, el planeta Mercurio se encuentra asociado a la sefirá llamada Hod. Una forma de armonizarte con ese plano vibratorio puede ser meditar usando los setenta y dos nombres sagrados, y en particular aquellos que están asociados a la sefirá de Hod, y al árbol de la vida que hay en ella. Este es un tema extremadamente extenso que sale del contexto de este libro, por lo que no me extenderé más al respecto.
Referencias:	Capítulo 4 (paso tres). Capítulo 5 (paso cuatro). Capítulo 8 (pasos cinco al siete). Capítulo 9 (pasos ocho y nueve).
NOTAS	

Título:	Revisar un documento
Descripción:	Cuando necesitas revisar un documento, ya sea para corregirlo, aportar comentarios, aprobarlo, etcétera.
Instrucciones:	1. Siéntate cómodamente, cierra los ojos y realiza tres respiraciones lentas y profundas. 2. Practica la concentración contando respiraciones durante cinco minutos. 3. Despierta el chakra del plexo solar. 4. Medita con los arcanos uno y dos del tarot. 5. En el «espacio» de serenidad interior creado, analiza mentalmente cuáles son las preguntas clave que deseas responder mediante la lectura del documento. Tómate el tiempo que necesites hasta que las identifiques. 6. Permanece durante dos o tres minutos en estado mental receptivo, y observa con curiosidad todas las impresiones que aparezcan. 7. Termina la meditación y lo antes que puedas anota en tu libreta las preguntas que has identificado en el paso cinco. Tenerlas anotadas y leerlas antes de comenzar cada sesión de trabajo con ese documento (o conjunto de ellos) te ayudará mucho. 8. Procede con el trabajo de revisión. Cuando hayas terminado la sesión de trabajo, cierra los ojos de nuevo y practica tres respiraciones lentas y profundas. 9. Reflexiona mentalmente sobre los hallazgos que has encontrado al revisar el documento y sobre cómo han respondido a las preguntas que te has planteado. Considera si debieras añadir alguna pregunta más. 10. Permanece tres minutos con una actitud mental receptiva. 11. Termina la meditación y continúa con tu vida cotidiana o tu trabajo. Deja «descansar» el documento por lo menos durante unas horas, y olvídalo. ¡Que no te extrañe que en cualquier momento del día, o incluso en sueños, vengan a tu mente ideas de posibles comentarios o correcciones!

Comentarios:	Al contrario que en la ficha anterior, aquí hablamos de una tarea que en su esencia no es realmente creativa (aunque en cierta medida también interviene dicho aspecto). Requiere de una gran capacidad de potenciar y dirigir la energía, por lo que la práctica de la concentración nos proporciona una herramienta excelente. Anotar las preguntas en el paso siete resulta realmente poderoso. Junto con la meditación realizada preparará tu subconsciente para ponerse a trabajar en la dirección correcta y recibirás su poderosa ayuda durante todo el trabajo y también después.
Referencias:	Capítulo 10 (paso dos). Capítulo 5 (paso tres). Capítulo 8 (paso cuatro). Capítulo 9 (pasos seis y diez).
NOTAS	

Título:	Cuando no encuentras las palabras
Descripción:	Necesitas expresar algo, ya sea oralmente o por escrito, y te cuesta encontrar las palabras correctas.
Instrucciones:	1. Retírate e inicia la meditación como de costumbre. 2. Despierta los siete chakras, desde el chakra raíz hasta el corona. 3. Visualiza cómo un rayo de luz emana desde el chakra corazón hasta el chakra de la garganta. Siente que esa luz transmite amor desde el corazón y se transforma en palabras. 4. Visualiza cómo un rayo desciende desde el infinito por encima de ti, y entra en contacto con el chakra corona, iluminándolo de color violeta. 5. Ahora visualiza cómo ese rayo de luz desciende y activa el chakra tercer ojo, y después el chakra de la garganta, llenándolo de luz. 6. Concéntrate en el chakra garganta, y visualiza (y siente) cómo esos dos rayos luminosos, procedentes del corazón y del chakra corona, se unen y fusionan allí, en la garganta. Siente esa energía condensarse allí. 7. Reflexiona unos minutos sobre el tema acerca del que quieres hablar o escribir. Trata de identificar los puntos esenciales que deseas cubrir y los mensajes clave que quieres transmitir. 8. Mantén durante dos minutos una actitud mental receptiva. 9. Ahora visualiza cómo un rayo de luz desciende desde el chakra garganta, pasando por los chakras plexo solar, sacral y raíz para después perderse en el infinito debajo de ti. Siente cómo al hacer esto te estás apropiando de la energía de comunicación inspiradora que has condensado en el chakra de la garganta, y la estás proyectando hacia el mundo material para que se exprese a través de palabras. 10. Termina la meditación.

Comentarios:	Un ejemplo de aplicación que encaja perfectamente con esta técnica es la redacción de un discurso, o cuando tienes que hablar con alguien sobre algo importante y quieres expresarte con claridad, sin producir daños emocionales, transmitiendo amor, construyendo y con la mejor voluntad. ¡Prueba este ejercicio antes de enfrentarte a la tarea, y ya verás cómo ayuda! Te recomiendo que expandas la técnica añadiendo la meditación en uno de los setenta y dos nombres sagrados de la cábala. En particular, me refiero al que está formado por las letras Yod-Yod-Zayin. Puedes encontrar con facilidad la representación de esos caracteres en internet.[1] Recuerda que se leen de derecha a izquierda. Sencillamente, escanéalos en ese orden y léelos con tu voz mental, lentamente, una y otra vez durante uno o dos minutos. Después, cierra los ojos y visualiza durante un minuto esas letras en tu mente con color negro sobre un fondo de luz dorada. Acto seguido, visualiza las letras con color blanco sobre fondo negro. Y termina con un minuto de actitud mental receptiva. Conforme adquieras práctica con esta meditación, podrás sentir que conectas con una energía increíble en un plano vibratorio que te ayudará a encontrar las palabras correctas.
Referencias:	Capítulo 5 (pasos dos al seis, y nueve). Capítulo 9 (paso ocho). Capítulo 7 (pasos tres al seis, y nueve).
NOTAS	

1. Por ejemplo: https://www.pinterest.es/pin/513128951283990963/.

ANEXO VI: Situaciones diversas de la vida cotidiana

Título:	En la naturaleza
Descripción:	Momentos en los que te encuentras en un escenario natural y dispones de unos cinco minutos. Este ejercicio te permitirá emplear ese tiempo para desconectar de la rutina y del estrés.
Instrucciones:	1. Siéntate cómodamente en el lugar elegido, cierra los ojos y haz tres respiraciones lentas y profundas. 2. Medita contando respiraciones, llegando hasta veinte cuentas. 3. Elige algún sonido del entorno que te rodea y practica durante dos o tres minutos la concentración con él. 4. Permanece un par de minutos en un estado mental receptivo. 5. Abre los ojos y medita mirando y escuchando, pero no te concentres en un objeto concreto. En su lugar, considera al completo el paisaje que tienes ante ti y todas las experiencias sensoriales que lo acompañan (sonidos, sensaciones físicas, etcétera). 6. Termina la práctica cuando lo consideres oportuno.
Comentarios:	Dentro de las posibilidades, es importante tratar de elegir un lugar que realmente transmita paz y te permita reconectar con la naturaleza. Desafortunadamente, hay muchos lugares en el exterior que podríamos llamar «naturales», pero que no lo son del todo. En ocasiones, muchos parques llenos de zonas verdes se convierten en acumulaciones de estrés, gritos, ruidos, etc. Cuanto más cercano a la naturaleza y más alejado de las ciudades y otros escenarios de la vida cotidiana, mucho mejor. Para el paso cinco, puedes tomar como referencia la técnica que aprendiste en el capítulo 10 para meditar mirando, pero con un par de diferencias muy significativas: ◊ En lo que se refiere a la vista, no te centres en un objeto concreto, sino en todo lo que veas como un conjunto. En el momento en que tu atención se centre en algún objeto concreto, eso es una distracción y debes retornar al cuadro completo. ◊ Además, añade al campo de observación todo tipo de experiencias sensoriales que aparezcan (sonidos, el roce del aire en la piel, el aroma de las flores, etcétera).

<table>
<tr><td></td><td>◊ En esta práctica, cada vez que la atención se va hacia cualquier experiencia que se origine en el interior (pensamientos, emociones, sensaciones corporales originadas en ti, etc.), estás ante una distracción. La práctica se vuelca únicamente en las experiencias que proceden del exterior. En algunos casos, hay cierto grado de ambigüedad y resulta difícil saber si una experiencia viene del exterior o no. Por ejemplo, si el paisaje te produce una sensación de escalofrío, o si sientes alguna sensación física debido al calor que hace, sin duda, puedes considerar que esa experiencia está originada en el exterior. Si de repente, sin más, notas un dolor en la pierna debido a la mala postura, puedes considerarlo como una distracción. En ese caso, adopta una postura que no te cause molestia y vuelve a la meditación. Todo esto tiene más de arte que de ciencia, e irás dominándolo con la práctica.

Esta forma de meditar es una dificultad añadida, ¡de eso no hay duda! Pero vale la pena, y te va a entrenar con la atención plena. En efecto, mientras que la técnica de mirar un objeto entrena la concentración, al observar como se explica aquí estás practicando la atención plena, con un campo de observación diferente al habitual. Con la práctica verás cómo entras en comunión con la naturaleza que te rodea, poco a poco con mayor profundidad.</td></tr>
<tr><td>Referencias:</td><td>Capítulo 10 (paso dos, paso tres y concentración mirando, adaptada a la atención plena de acuerdo con los comentarios presentados más arriba). Capítulo 9 (paso cuatro y en parte relacionado con el paso cinco).</td></tr>
<tr><td colspan="2">NOTAS</td></tr>
</table>

Título:	Antes de comer, cuando tienes un hambre feroz
Descripción:	Para momentos en los que el hambre se apodera de ti y es probable que comas deprisa, mal y sin disfrutar.
Instrucciones:	1. Antes de empezar a comer, retírate a un lugar tranquilo, siéntate cómodamente y cierra los ojos. 2. Realiza tres respiraciones lentas y profundas. 3. Medita dos minutos contando respiraciones. 4. Despierta el chakra raíz. 5. Reflexiona sobre lo siguiente: vas a alimentarte y, al mismo tiempo, a disfrutar mientras lo haces. El objetivo no es llenar el estómago, sino proporcionar a tu organismo la energía que necesita para su correcto funcionamiento. El gozo no estriba en sentir un estómago lleno, sino en disfrutar de lo que comes y de todas las sensaciones que vienen implícitas: sabores, aromas, texturas, etcétera. 6. Permanece durante un par de minutos en estado mental receptivo. 7. Abre los ojos y dirígete al lugar donde vas a comer. 8. Antes de comenzar, haz un par de respiraciones lentas y profundas, y luego expresa mentalmente tu deseo sincero de que los alimentos que vas a ingerir logren nutrir todos los planos de tu ser, no solo el meramente físico. Además, siente agradecimiento por disponer de esos alimentos y por todas las cosas, seres vivos y personas que han intervenido de un modo u otro en que ahora ese alimento vaya a alimentarte. 9. Antes de empezar, observa el alimento y fíjate en todos sus detalles visuales: colores, formas, etc. Tómate un tiempo para observar esos aspectos con detenimiento. 10. Disfruta también de las sensaciones olfativas que desprenda el alimento. 11. Aunque al principio te resulte un tanto forzado, proponte comer lentamente, más de lo habitual. Llévate la comida a la boca más despacio, mastícala durante más tiempo, tarda más en tragar, etc. El propósito es ayudarte no solo a relajarte, sino también a tener más tiempo y oportunidades de disfrutar de sensaciones que de otro modo no detectarías. 12. Trata de observar con total atención cada sensación, del tipo que sea: el roce de la comida con los labios, los olores, el contacto con la lengua, la temperatura, los sabores, los sonidos que se producen, etcétera.

	13. Si en algún momento tu atención se desvía a cualquier cosa que no esté relacionada con lo que estás haciendo ahora (comer), vuelve lo antes posible al paso once. 14. Cuando termines de comer, agradece de corazón que hayas podido disfrutar de los alimentos que has ingerido.
Comentarios:	Esta práctica puede ayudarte a comer con más calma y mejor. Debemos reconocer que muchas veces comemos bajo la influencia del estrés, engullendo sin prestar atención a lo que estamos haciendo, con la mente en otro sitio, etc. Y los expertos en salud nos recomiendan no hacerlo. Esta técnica simplemente pretende ayudarte a comer con más calma y mayor consciencia, lo que supone una ayuda en esa dirección, y un entrenamiento excelente en lo que concierne al despertar de la consciencia. Sin embargo, ten en cuenta que la técnica presentada no tiene nada que ver con la forma de alimentarte ni con otros detalles de la nutrición. Eres responsable de tu alimentación, y en ese sentido es muy aconsejable que te dejes guiar por los expertos debidamente cualificados (médicos, nutricionistas, etc.), ya que este tema está ligado a la salud. Aquí simplemente se expone una herramienta que puede ayudarte a comer sin nerviosismo y estrés, lo que representa una notable diferencia, pero no es (de ninguna manera) equivalente ni está vinculado de ninguna forma a ningún tipo particular de terapia, remedio, curación, tipo de alimentación, etcétera. Este ejercicio precisa de tu total atención mientras comes. Es ideal si puedes hacerlo en solitario, sin que nadie pueda molestarte. Es evidente que esto no siempre es posible, ya que a veces no tenemos control del lugar en que vamos a comer. En cualquier caso, trata de hacer todo lo posible para comer en las mejores condiciones posibles y adapta este proceso lo mejor que puedas. Esto no quiere decir que debas comer siempre en solitario, ni mucho menos. Pero si puedes hacerlo dos o tres veces por semana, ¡ya empiezas muy bien!
Referencias:	Capítulo 10 (paso tres). Capítulo 5 (paso cuatro). Capítulo 9 (paso seis).
NOTAS	

Título:	Prepararse para escuchar atentamente algo importante
Descripción:	Cuando algo que vas a escuchar resulta de gran importancia para ti y deseas prestar la máxima atención (por ejemplo, una conferencia, una clase, una reunión, un anuncio relevante, etcétera).
Instrucciones:	1. Retírate a un lugar tranquilo, cierra los ojos y haz tres respiraciones lentas y profundas. 2. Medita dos minutos contando respiraciones. 3. Despierta los chakras plexo solar y garganta. 4. Medita con los arcanos cuatro y cinco, el emperador y el hierofante, respectivamente. 5. Si el entorno en que te encuentras lo permite, practica dos o tres minutos la atención plena a los sonidos. 6. Mantén durante dos minutos una actitud mental receptiva. 7. Termina la meditación.
Comentarios:	La técnica presentada en esta ficha está pensada para que la practiques antes de asistir al acto concreto en el que deseas prestar atención. Cuanto más próximo sea el momento de la práctica al evento, mucho mejor. Puedes adaptar esta técnica tomando también elementos de otras de las fichas para escuchar música con la máxima atención. ¡Te lo propongo como ejercicio! ¡Encuentra tu propia fórmula! Por supuesto, como con todas las demás fichas, puedes adaptar el ejercicio a cada situación, e incluso modificarlo o ampliarlo con otros elementos hasta hacerlo tuyo. Por ejemplo, si en una situación no tienes suficiente tiempo, puedes optar por saltar el paso cuatro, o si dispones de muy pocos minutos, puedes acortar la duración de algunos pasos.
Referencias:	Capítulo 10 (pasos dos y cinco). Capítulo 5 (paso tres). Capítulo 8 (paso cuatro). Capítulo 9 (paso seis).
NOTAS	

ANEXO VII: Relajarse y lidiar con los nervios

Título:	Cuando tienes los nervios de punta
Descripción:	Cuando estás experimentando tensión nerviosa y no consigues calmarte.
Instrucciones:	1. Retírate a un lugar tranquilo, siéntate, cierra los ojos y practica tres respiraciones lentas y profundas. 2. Recorre con la atención mental tu cuerpo en busca de alguna zona tensa en la que puedas sentir los nervios y las sensaciones desagradables asociadas. 3. Dirige la atención a la zona detectada. Durante unos quince segundos, observa con toda la atención, sin intervenir ni juzgar de ningún modo, las sensaciones que existan en esa zona. Recuerda que no eres esas sensaciones. Tú observas, y las sensaciones son algo ajeno, como una «tercera persona». 4. Visualiza la tensión que has detectado de la forma que prefieras (por ejemplo, de color rojo). 5. Realiza una inspiración lenta y profunda. Mientras lo haces, visualiza cómo el aire se dirige a esa zona. Conforme el aire llega allí, visualiza cómo atrapa esa tensión que habías visualizado en el paso cuatro. 6. Retén el aire unos segundos, pero sin sentir ninguna incomodidad. Da igual si son solo tres segundos... ¡Como si es solo uno! Lo importante es que no sientas la menor molestia. Durante ese tiempo, continúa visualizando cómo el aire atrapa la tensión. 7. Expulsa el aire lo más lenta y suavemente que te resulte posible, sin sufrir incomodidad alguna. Mientras lo haces, visualiza cómo el aire arrastra la tensión que has atrapado, y la expulsa fuera del cuerpo, perdiéndose en el infinito. 8. Si sigues sintiendo tensión, continúa en la misma zona y vuelve al paso tres. 9. Cuando en esa zona la tensión se alivie, vuelve al paso dos. 10. Continúa el ejercicio el tiempo que consideres oportuno. 11. Medita dos o tres minutos contando respiraciones. 12. Termina la práctica.

Comentarios:	Esta práctica no pasa de golpe del nerviosismo a la calma. ¡Ojalá fuera tan sencillo! Pero seguro que te ayudará a conectar con una mayor tranquilidad que la inicial. Cuanto más practiques y más entrenes la concentración con otras de las técnicas explicadas en el libro, más rápidos y potentes serán los resultados que obtendrás cuando más los necesites.
Referencias:	El procedimiento presentado aquí se asemeja al expuesto en el capítulo 4, pero no es exactamente igual.
NOTAS	

Título:	Cuando te consume la impaciencia
Descripción:	Momentos en los que no logras adoptar la paciencia necesaria, y eso te hace perder la calma. En particular cuando sientes ansiedad por alcanzar resultados demasiado rápido y eso te genera malestar.
Instrucciones:	1. Retírate a un lugar tranquilo, cierra los ojos y haz tres respiraciones lentas y profundas. 2. Durante dos minutos, medita contando respiraciones. 3. Durante tres o cuatro minutos, medita contando pensamientos. 4. En el estado de paz interior alcanzado, reflexiona durante un par de minutos sobre lo siguiente: cada cosa lleva su tiempo. Intentar acelerarlo solo distorsiona el resultado. La paciencia es la ciencia de la paz... La felicidad no es el destino, y estrictamente hablando tampoco es el camino. La felicidad reside en disfrutar de cada paso del camino, que no es lo mismo. Habrá pasos difíciles, pero si aprendes a observarlos con desapego y en el presente, serán igualmente un motivo de felicidad. 5. Permanece dos minutos con una actitud mental receptiva. 6. Termina la meditación y continúa tranquilamente con lo que estabas haciendo, con la firme determinación de ir paso a paso, sin perder de vista el objetivo, pero disfrutando de cada etapa del proceso.

Comentarios:	El apego a los resultados es un enemigo del desarrollo espiritual. Mucho más lo es la obsesión con la inmediatez, que termina convirtiéndose en una especie de adicción. Esta práctica te ayudará a combatir ese enemigo que surge de tu actitud interior. De una forma u otra, el resto de las prácticas de este libro también van a sumar en esa dirección. Pero para que den resultado es importante que te propongas actuar con desapego de los resultados y que hagas un esfuerzo por aplicarlo en el día a día. Es importante que tengas claro tu objetivo (hacia dónde vas), y que traces un camino. Pero cuando lo tengas, mira hacia delante, calcula el siguiente paso, empieza a actuar y vive lo que estás haciendo en el momento en que sucede. Recuerda que la paciencia no significa hacer las cosas más despacio de lo necesario. ¡Nada más lejos! Pero tampoco significa hacerlas más deprisa de lo oportuno... Se trata de hacerlas en su justa velocidad. Subir la temperatura de un horno más de lo adecuado nos permite terminar antes, pero es probable que nos encontremos con resultados no deseados (interior crudo, etc.). Las prisas no suelen ayudar. Es mejor comprender que cada cosa lleva su tiempo, y no tratar ni de acortarlo ni de extenderlo más de lo necesario.
Referencias:	Capítulo 10 (pasos dos y tres). Capítulo 9 (paso cinco).
NOTAS	

Título:	Cuando te das cuenta de que vas demasiado deprisa
Descripción:	Cuando eres consciente de que estás obrando con excesiva prisa y deseas «pisar el freno» para hacer las cosas bien.
Instrucciones:	1. Siéntate cómodamente, cierra los ojos y haz tres respiraciones lentas y profundas. 2. Practica dos minutos la meditación contando respiraciones. 3. Continúa la práctica durante al menos tres minutos más, pero esta vez con una variación: intenta voluntariamente alargar la distancia entre respiraciones. Hazlo progresivamente; cuando termines un ciclo de inspiración y exhalación, trata de prolongar un poquito más el lapso. Y remarco que hablo de un poquito; es decir, de una prolongación muy leve. Si sientes la más mínima incomodidad, detén la práctica y regresa al ritmo normal de respiración. 4. Ante tu propia conciencia, toma la determinación de hacer las cosas con un poco más de calma. 5. Realiza tres respiraciones lentas y profundas. Hazlas lo más lentamente que seas capaz, sin que suponga ninguna molestia. 6. Abre los ojos y termina la práctica.
Comentarios:	En estas situaciones, solemos decir que lo mejor es parar y «tomarte un respiro». ¡Y tanto que sí, porque el procedimiento presentado se basa en respirar! Se alcanza una mayor sensación de paz interior y una mente más concentrada, lo que permite hacer las cosas mejor y con la velocidad apropiada.
Referencias:	Capítulo 4.
NOTAS	

Título:	Disfrutar mucho más de una conversación
Descripción:	Cuando estás hablando con otras personas y deseas llevarte la mejor experiencia del momento.
Instrucciones:	1. Cuando estés empezando la conversación, inspira y espira muy lentamente siendo consciente de tu respiración. Puedes adaptar el ritmo a las necesidades particulares de la situación. Se puede hacer perfectamente sin que la otra persona lo perciba. 2. Si puedes aprovechar cualquier pequeño intervalo, trata de sentir la energía del chakra de la garganta y del chakra corazón, y visualiza cómo ambos centros se interconectan. Esto te ayudará a comunicar desde el corazón, tanto para hablar como para escuchar. 3. Cuando la otra persona esté hablando, escucha atenta y activamente. No estés pensando en lo siguiente que dirás. Evita interrumpirle. Muestra atención. Armonízate con las palabras de esa persona, y conviértelas en imágenes mentales. Siente que hay un intercambio de energía sutil basado en el amor universal. 4. Cuando tengas que hablar, procura hacerlo de forma constructiva. Que tus palabras construyan y transmitan amor. Eso no impide que adoptes una actitud asertiva. 5. Antes lo he repetido al menos dos veces en este libro, pero no puedo dejar de hacerlo en esta ficha: dice un proverbio que el sabio pregunta razonablemente, escucha con atención, responde con calma y si no tiene nada que decir, calla. ¡No olvides la importancia del silencio! 6. Cuando haya terminado la interacción y tengas oportunidad de hacerlo, retírate, cierra los ojos y rememora las conclusiones más importantes que te llevas de esa conversación. La retrospectiva nocturna es un buen momento para hacerlo.
Comentarios:	Ideal para ocasiones en las que te encuentras con alguien con quien tienes una conversación agradable que deseas disfrutar al máximo. No está pensado para situaciones tensas, en las que puedes aplicar otras técnicas del libro, tanto durante como después del encuentro.

Referencias:	Capítulo 6 (retrospectiva). Entre las fichas del anexo I encontrarás prácticas interesantes para el caso de lidiar con gente tóxica, que queda fuera del ámbito de esta práctica.
NOTAS	

ANEXO VIII: Usar y mejorar la memoria

Título:	Cuando tienes que estudiar para un examen
Descripción:	Una práctica ideal para los períodos en que te preparas para superar exámenes y tienes que emprender largas sesiones de estudio, y en las que, además de tener que gestionar muy bien tu energía, la memoria entrará en juego. Se trata de una práctica para realizar antes de empezar a estudiar.
Instrucciones:	1. Siéntate cómodamente, cierra los ojos y haz tres respiraciones lentas y profundas. 2. Medita durante tres minutos contando respiraciones. 3. Medita con los arcanos uno al cinco. 4. Despierta progresivamente los siete chakras, desde el chakra raíz hasta el chakra corona. 5. Visualiza un rayo de energía que desciende desde el infinito hasta entrar en contacto con el chakra corona. 6. Visualiza cómo ese rayo luminoso continúa descendiendo dentro de ti a través de los distintos chakras hasta llegar al chakra de la garganta. 7. Visualiza ese chakra llenándose de luz. Siente la energía que estás acumulando allí. 8. Ahora el rayo de luz continúa descendiendo hasta llegar al chakra del plexo solar. 9. Visualiza cómo ese chakra se llena de energía. 10. Después, el rayo desciende hasta el chakra raíz para perderse en el infinito debajo de ti. 11. Siente cómo tu intelecto se encuentra en las condiciones perfectas para estudiar. 12. Cuando lo consideres apropiado, termina la meditación. ¡Y a por todas!

Comentarios:	Si vas a estudiar durante varias horas, es muy importante realizar pausas periódicas. No hacerlo puede resultar contraproducente. Durante esas pausas, incluye dos o tres minutos para realizar alguna meditación de atención plena, en la que la mente se mantenga receptiva, como, por ejemplo, contar pensamientos (capítulo 10). Después de cada pausa, antes de retomar el estudio es un buen momento para realizar de nuevo la meditación aquí expuesta.
Referencias:	Anexo II («Antes de un examen»). Capítulo 10 (paso dos). Capítulo 8 (paso tres). Capítulo 5 (paso cuatro). Capítulo 7 (pasos del cinco al diez). Te recomiendo utilizar una pista de audio que grabé para acompañar en el trabajo o el estudio titulada «Una hora de trabajo consciente». Puedes usarla para una hora de estudio, y después hacer una pausa de quince minutos, para después reiniciarla. Incluye pequeños momentos de reconexión con el presente. La puedes encontrar en: https://insighttimer.com/es/felixtoran/meditacion-guiada/una-hora-de-trabajo-consciente
NOTAS	

Título:	Cuando necesitas recordar algo importante y no lo consigues
Descripción:	Situaciones en las que necesitas recuperar algún dato de tu memoria y no logras recordarlo por razones que no comprendes.
Instrucciones:	1. Retírate a un lugar tranquilo, siéntate cómodamente y cierra los ojos. 2. Haz tres respiraciones lentas y profundas. 3. Reflexiona mentalmente un minuto sobre lo que necesitas recordar. Formúlalo como una pregunta muy breve y simple que vaya directa al grano. Por ejemplo: ¿dónde he olvidado las llaves? 4. Medita con el arcano dos, la gran sacerdotisa. 5. Despierta el chakra del plexo solar. 6. Repite la pregunta formulada en el paso tres. Hazlo lentamente en tu mente, una y otra vez, durante un par de minutos. 7. Mantén una actitud receptiva durante dos o tres minutos, con gran curiosidad por registrar todas las impresiones que lleguen. 8. Termina la meditación con la confianza de que las respuestas (si no han aparecido ya) irán llegando en forma de señales intuitivas, sueños, etcétera.
Comentarios:	Como es obvio, este ejercicio no supone una solución milagrosa para recordar cualquier cosa de forma inmediata. Sin embargo, te pondrá en una posición favorable para lograrlo por la vía más rápida posible. Lo mejor es que dejes estar la cuestión por completo y vuelvas a tus actividades cotidianas. Así dejarás «espacio» al subconsciente para que te ayude lo antes posible. De otro modo, si pasas el día tratando constantemente de recordar, se lo pondrás difícil. Además, será más fácil que te estreses. Como complemento, te recomiendo que en el paso cinco despiertes también los chakras del tercer ojo y corona.
Referencias:	Capítulo 5 (paso cinco). Capítulo 8 (paso cuatro). Capítulo 9 (paso siete).
NOTAS	

ANEXO IX: Durante los viajes

Título:	Disfrutar de un viaje (cuando no conduces)
Descripción:	Una práctica para disfrutar mucho más de un viaje mientras sucede en cualquier tipo de transporte. Es solo para casos en los que tú no conduces ni asistes al conductor y tienes la posibilidad de «desconectar» un rato sin correr ningún riesgo.
Instrucciones:	1. Cierra los ojos y haz tres respiraciones lentas y profundas. 2. Realiza una práctica rápida de meditación, como contar respiraciones, usar mantras, contar mentalmente, etc. Dedica tres minutos a este paso. 3. Practica durante un minuto la concentración observando los sonidos que te rodean. 4. Mantén un par de minutos una actitud totalmente receptiva. 5. Abre los ojos, y medita mirando un objeto. 6. Abre los ojos y medita mirando por la ventana y escuchando, pero no concentrándote en un objeto concreto, sino considerando al completo el paisaje que tienes ante ti y todas las experiencias sensoriales que lo acompañan (sonidos, sensaciones físicas, etc.). Hazlo durante al menos cinco minutos. 7. Si la duración del viaje te lo permite, puedes repetir más tarde la meditación.
Comentarios:	Por motivos de tiempo y también porque puede producirte inquietud (por ejemplo, si temes pasarte de parada en el metro), es probable que este tipo de meditación no se adapte bien para viajes muy cortos. Para viajes más largos (por ejemplo, en tren, autobús, avión, coche), en los que no comprometes la seguridad si te evades un rato, te recomiendo repetir el ejercicio cada hora u hora y media. Y después de hacerlo, te recomiendo estirar un poco las piernas y moverte para evitar pasar un número excesivo de horas en posición sentada.
Referencias:	Capítulo 10 (pasos dos y tres). Capítulo 9 (paso cuatro). Ficha «En la naturaleza» del anexo VI para el paso seis.
NOTAS	

<table>
<tr><th>Título:</th><th>Miedo a volar</th></tr>
<tr><td>Descripción:</td><td>Cuando tienes que volar y te da miedo.</td></tr>
<tr><td>Instrucciones:</td><td>

En los días y horas antes de volar conviene repetirlo varias veces, distribuidas con regularidad en el tiempo, ya que eso incrementará su eficacia.

1. Siéntate, cierra los ojos y realiza tres respiraciones lentas y profundas.
2. Practica la concentración con mantras durante dos minutos. Elige un mantra que asocies con la sensación de paz interior. Ese mantra te servirá como una herramienta para recuperar la paz durante los viajes.
3. Medita con los arcanos uno y tres.
4. Visualiza con claridad que te encuentras en un medio de transporte en el que sientes una gran seguridad. Siente durante un minuto esa paz, calma y tranquilidad con toda la intensidad.
5. Acto seguido, paulatinamente, cambia la película mental, y transforma poco a poco ese escenario mental en un vuelo. Visualiza con el mayor realismo posible que te encuentras en el avión en pleno vuelo, disfrutando al máximo del momento y sin ningún miedo ni tensión corporal. Al principio, este paso puede resultar muy complicado, pero haz todo lo posible. El hecho de intentarlo ya es un éxito. Hazlo durante un par de minutos.
6. Mantén un par de minutos una actitud receptiva.
7. Haz tres respiraciones lentas y profundas, y termina la meditación.

En los minutos anteriores al despegue (por ejemplo, cuando ya estás en tu asiento y se han cerrado puertas):

1. Cierra los ojos y realiza tres respiraciones lentas y profundas.
2. Medita durante un par de minutos con el mismo mantra que has estado utilizando los días anteriores.
3. Abre los ojos y respira lentamente.

Si durante el vuelo sientes nervios, repite el proceso. También puedes aprovechar para practicar alguna de las técnicas del anexo VII.

</td></tr>
</table>

Comentarios:	Una práctica meditativa no puede lograr que desaparezca de repente el miedo a volar. Pero si practicas lo propuesto y si lo haces con regularidad, te resultará más fácil, y poco a poco el miedo se irá haciendo más manejable. Al menos tendrás un recurso interior que te ayudará a ganar calma, que no es poco. Ten presente que la aviación civil trabaja con unos estándares de seguridad muy elevados. Si buscas con seriedad, encontrarás muchos indicadores objetivos que demuestran claramente que viajar en avión es muchísimo más seguro que hacerlo por carretera, y no es un tópico. Lo anterior no es una garantía de viajar sin accidentes (la probabilidad cero es imposible, al menos hoy en día). La meditación aquí presentada tampoco garantiza nada. Pero te dará más confianza, porque seguramente cuando viajas en otros medios de transporte sientes seguridad, y cuando viajas en avión (que es muchísimo más seguro), es probable que sientas miedo. Y si todavía no sientes esa confianza y pasas el tiempo con ansiedad, deseando llegar a tierra y salir de la cabina, esta meditación te puede ayudar a que el tiempo se pase un poco más rápido y mejor. Además, puedes adaptarla —como en el caso de las demás— incluyendo otras técnicas del libro, etcétera. Te diré que la primera vez a mí tampoco me hacía ninguna ilusión volar. Las cuatro o cinco primeras veces no sentí ningún pánico, pero no me sentía a gusto. Después todo cambió y empecé a sentirme seguro. En menos de un año me di cuenta de que adoraba volar... Hasta el punto de que los aviones se convirtieron en un lugar maravilloso de meditación, donde he disfrutado de prácticas preciosas y momentos inolvidables.
Referencias:	Capítulo 4 (paso dos). Capítulo 8 (paso tres). Capítulo 7 (pasos cuatro y cinco). Capítulo 9 (paso seis).

NOTAS